Tanja Kraus
Materialien und Kopiervorlagen
zur Klassenlektüre

Swantje Oppermann

Blindes Misstrauen

Hase und Igel®

Inhalt

www.hase-und-igel.de
Lektorat: Luzie Bischoff
Illustrationen: Marc Robitzky
Satz: Appel Grafik München GmbH
Druck: Joh. Walch GmbH & Co. KG, Augsburg

ISBN 978-3-86316-154-5
2. Auflage 2024

„Blindes Misstrauen" – Das Buch im Unterricht

Das Buch

Was passiert, wenn digitale Technik in falsche Hände gerät? Diese zentrale Frage greift Swantje Oppermann in ihrem Jugendroman „Blindes Misstrauen" auf. Dafür entwirft die Autorin mit Elementen der „Near-Future-Fiction" eine Welt, die aus heutiger Sicht technologisch und gesellschaftlich durchaus vorstellbar und in einigen Bereichen bereits in Grundzügen erfahrbar ist. So verortet sie ihren Roman in einer nahen Zukunft, in der Technisierung und Automatisierung noch weiter fortgeschritten sind.

Im Zentrum stehen spezielle digitale Kontaktlinsen. Mithilfe von „Augmented Reality" erhält deren Träger zusätzliche Informationen zur Bewältigung seines Alltags. Die Protagonistin Nora-Sophie, genannt Mav, lernt im Laufe der Handlung die Grenzen dieses durch und durch digital ausgerichteten Lebens kennen. Als ein Mord geschieht, findet sie sich unfreiwillig in einem Kampf um die digitale Macht wieder. Die Kontaktlinsen, die sie ersatzweise von ihrem Optechnician und Freund Marek erhalten hat, stellen sich als begehrtes Produkt heraus. Ihretwegen musste Marek sterben und Mav wird nun verfolgt. Sie findet zufällig heraus, dass die Linsen ihr ermöglichen, die Iris eines Gegenübers zu scannen und sich damit Zugang zu allen Daten dieser Person zu verschaffen. Mav ist wild entschlossen, den Mord an Marek aufzuklären. Unterstützung erhält sie dabei von ihrem Freund Ben und dem undurchsichtigen Programmierer Hawk, der die Speziallinsen entwickelt hat. In der Nacht kommt es zum Showdown, bei dem Mav und Ben vor ihren Verfolgern gerettet werden. Hawk aber verschwindet mit den Kontaktlinsen in die Dunkelheit …

Swantje Oppermann hat eine spannungsgeladene und temporeiche Geschichte entworfen, deren besonderer Reiz in der personalen und damit unmittelbaren Erzählform liegt. Die Handlung spricht Jugendliche an, indem sie aktuelle technische Entwicklungen, Überwachung, Datenschutz und Datenmissbrauch, aber auch persönliche Themen wie Vertrauen und Misstrauen, Freundschaft und Liebe sowie das Spannungsfeld zwischen Elternbindung und Freiheitsdrang aufgreift. Am Ende plädiert die Hauptfigur Mav für einen verantwortungsvollen Umgang mit digitalen Entwicklungen. Der Roman sensibilisiert die Schüler für eine kritische und bewusste Auseinandersetzung mit digitalen Errungenschaften und persönlichen Daten.

Das Material

Das Material unterstützt Sie und Ihre Schüler dabei, Mavs Erfolge und Rückschläge herauszuarbeiten, zentrale Konfliktsituationen zu beleuchten und die zwischenmenschlichen Beziehungen und Motive zu untersuchen. Die Arbeitsblätter sind so gestaltet, dass die Leser gemeinsam mit der Protagonistin in eine ermittelnde Rolle schlüpfen. Dazu empfiehlt es sich, diesen Materialband lektürebegleitend einzusetzen. Sie können ihn aber auch nutzen, um die zentralen Inhalte nach dem vollständigen Lesen des Romans aufzugreifen und zu vertiefen.

Das Material gliedert sich in sieben Einheiten und orientiert sich am chronologischen Handlungsverlauf. Jeder Abschnitt enthält eine Inhaltszusammenfassung der jeweiligen Buchkapitel. Darauf folgen didaktische Hinweise und Lösungen zu den Kopiervorlagen. Zudem finden Sie in diesem Band ausgewählte Vorschläge zu Gesprächs- und Schreibanlässen sowie Empfehlungen für eine kreative Beschäftigung. Direkt im Unterricht einsetzbare Kopiervorlagen schließen jede der sieben Einheiten ab.

Die Kopiervorlagen sind vorwiegend für Schüler der Jahrgangsstufen 7 und 8 konzipiert. Zur Differenzierung bieten sich beispielsweise die Vorgabe von Stichworten, das Vorlesen von Textstellen, das Erklären von Begriffen oder die Variation der Sozialform an.

Signets am oberen Seitenrand verdeutlichen den thematischen Schwerpunkt jeder Kopiervorlage.

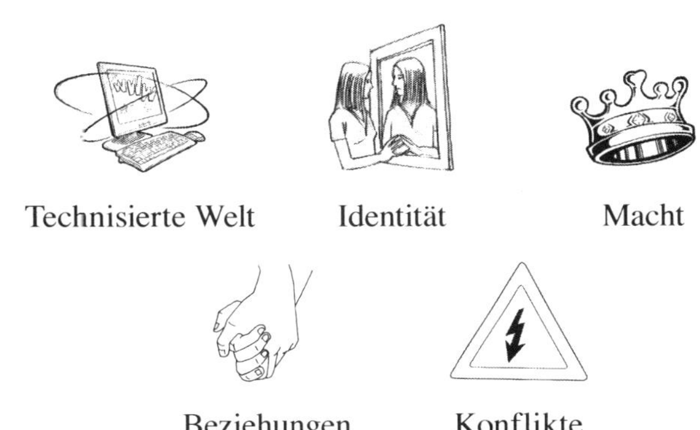

Zur sprachlichen Vereinfachung verwende ich in diesem Unterrichtsmaterial die männlichen Pluralformen „Leser", „Lehrer" und „Schüler". Selbstverständlich spreche ich immer alle Geschlechter an.

Wertvolle Anregungen und Erkenntnisse wünscht Ihnen und Ihren Schülern

Tanja Kraus

Seite 7 bis 26: Digitaler Alltag der Zukunft

Inhalt

Donnerstag, 06:20 Uhr (S. 7–10)
Die sechzehnjährige Mav sieht sich nach dem Aufstehen in ihrer Wohnung eine Nachricht ihrer Mutter Sarah als Wandprojektion an. Mavs Eltern, die im Ausland leben und ihre Tochter mehrere Monate nicht gesehen haben, gestehen, dass sie auch Ostern nicht zu Besuch kommen werden. Sarah möchte am nächsten Tag noch einmal darüber reden. Mav schickt ihr darauf jedoch keine Antwort.

Donnerstag, 07:15 Uhr (S. 11–16)
Mav sucht den Optechnician und früheren Hacktivisten Marek in seinem Optikfachgeschäft auf. Sie hat versucht, die Software ihrer Kontaktlinsen zu manipulieren, um in der Schule bessere Leistungen zu erzielen. Mav hofft, dass Marek ihre Linsen wieder reparieren kann. Der Hacktivist erklärt ihr noch einmal die eigentlichen Aufgaben ihrer Kontaktlinsen. Bis er sie repariert hat, bekommt Mav ein Ersatzpaar.

Donnerstag, 07:44 Uhr (S. 17–22)
Auf dem Weg zur Schule versucht Mav in der S-Bahn die Kontaktlinsen zu aktivieren, um Zugang zu ihrem digitalen Safe zu erhalten. Eine Folge von Zahlen und Buchstaben und der Hinweis *Bereit für Initialisierung* lassen Mav glauben, dass die Ersatzlinsen nicht funktionieren. Da Mav, die eigentlich Nora-Sophie heißt, zu spät zum Unterricht kommt, trägt ihre Lehrerin Lucía einen Vermerk in ihr Schülerprofil ein.

Donnerstag, 14:05 Uhr (S. 23–26)
Nach dem Unterricht verlässt Mav mit Ben das Schulgebäude. Sie erinnert sich zurück an den Tag, an dem sie ihn kennengelernt hat. Er ist in der fünften Klasse an ihre Schule gekommen und sie haben sich sofort verstanden. Seit seinem Unfall ist Bens linkes Bein gelähmt und er steuert seine Bewegungen über einen Chip im Kopf.

Auf dem Schulhof bietet Emma, eine Mitschülerin, Ben an, ihn mitzunehmen. Er lehnt jedoch ab. Mav will direkt zum Hacktivisten gehen. Ben und sie vereinbaren, sich später zu treffen.

Unterrichtsschwerpunkte

- technische Entwicklungen vergleichen
- Chancen und Risiken abwägen
- Datenerhebung und Datenverarbeitung erkennen
- ein kritisches Bewusstsein für die Digitalisierung entwickeln

Zu den Kopiervorlagen

Leben heute und in Zukunft
Mithilfe der ersten Aufgabe vergleichen die Jugendlichen den Alltag der Gegenwart mit dem aus der Geschichte. Im Laufe der Unterrichtseinheit können weitere Aspekte ergänzt werden (z.B. PuC, Call-Wall). Aufgabe 2 schult die Argumentationsfähigkeit und unterstützt die individuelle Meinungsbildung.

Unter der Rubrik „Kreativ aktiv" (siehe S. 5f.) finden Sie zwei Arbeitsaufträge, die futuristische Elemente aus dem Roman in die Gegenwart integrieren („Zurück aus der Zukunft"). Diese können die Schüler im Anschluss an die Kopiervorlage bearbeiten.

Lösung
Aufgabe 1:
Wohnen heute: technische Verfahren und Systeme für die Steuerung des Energieverbrauchs und der elektronischen Geräte (Smart-Home-Prinzip)
Wohnen Zukunft: Überwachung der elektronischen Geräte und der Temperatur; Einsatz von Haushaltsrobotern
Schule heute: digitale Lernplattformen zur Kommunikation zwischen Lehrern und Schülern
Schule Zukunft: Nutzung von individuellen Profilen im Unterricht; automatisierte Übermittlung von Schülerdaten an Erziehungsberechtigte
Gesundheit heute: Einsatz von Gesundheits-Apps, -Uhren und -Armbändern; Nutzung einer elektronischen Patientenakte
Gesundheit Zukunft: Erhebung von Gesundheitsdaten und Überwachung von Vitalzeichen über digitale Kontaktlinsen; Steuerung der Bewegung gelähmter Körperteile über einen eingepflanzten Chip
Mobilität heute: Carsharing; alternative Antriebe (z.B. Elektroautos, Hybride); automatisierte Sicherheitssysteme (z.B. Abstandshalter, Spurhalteassistent); autofreie Zonen; erste Entwicklungen für autonomes Fahren
Mobilität Zukunft: Einsatz von umweltfreundlichen selbstfahrenden PuCs, die man mieten kann
Sprache und Kommunikation heute: digitale Endgeräte und KI (künstliche Intelligenz) als Sprachassistenten
Sprache und Kommunikation Zukunft: digitale Kontaktlinsen (Steuerung durch Sprache und Blickrichtung); Screenpaper; Call-Wall
Sicherheit im digitalen Raum heute: individuelle Datenschutzeinstellungen und Firewalls; Jugendschutz; Informationen und Schulungen zum sicheren Umgang mit dem Internet
Sicherheit im digitalen Raum Zukunft: Reboot bzw. Errichtung digitaler Grenzen; Abschaffung zahlreicher Websites

Datenspeicherung heute: USB-Sticks; Festplatten; Clouds
Datenspeicherung Zukunft: digitaler Safe

Aufgabe 2:
individuelle Lösung

KV Seite 8

Digitale Kontaktlinsen
Im Fokus dieser Kopiervorlage stehen die Möglichkeiten, die die digitalen Kontaktlinsen dem Träger eröffnen. In Aufgabe 1 rekapitulieren die Schüler, wie Mavs „digitales Schließfach" funktioniert. Anhand des zweiten Arbeitsauftrags vergegenwärtigen sie sich die Vorzüge der digitalen Linsen. Schließen Sie an die zweite Aufgabenstellung den Gesprächsanlass „Ist Mav ein gläserner Mensch?" an (siehe rechte Spalte). Dass die digitalen Kontaktlinsen auch für die Schule zweckentfremdet werden können, rekonstruieren die Jugendlichen in Aufgabe 3. Als Ausklang finden Sie unter der Rubrik „Kreativ aktiv" den Arbeitsauftrag „Spicken früher und heute" (siehe S. 6).

Lösung
Aufgabe 1:
Ein Safe ist eine virtuelle Umgebung, in der alle personenbezogenen Daten zusammenfließen. Der Zugriff kann über verschiedene Geräte erfolgen, die Authentifizierung geschieht über die Iris, die gescannt wird.

Aufgabe 2:

Die Kontaktlinsen sollen …	trifft zu
1. Mavs Augen vor UV-Strahlen schützen.	x
2. Mavs Gedanken lesen.	
3. Mavs elektronische Geräte überwachen.	
4. Mavs Augeninnendruck messen.	x
5. Mavs Finanzen verwalten.	
6. Mavs IQ testen.	x
7. Mavs Tränenflüssigkeit auf Anomalien untersuchen.	x
8. Temperatur und Licht in Mavs Wohnung steuern.	
9. Mavs Krankenakte speichern.	

Aufgabe 3:
Mav hinterlegt im Safe Antworten für die Klassenarbeiten. Die Kontaktlinsen scannen die Fragen der Klausur und suchen nach passenden Informationen in den Dokumenten.

Gesprächsanlass

Ist Mav ein gläserner Mensch?
Ausgangspunkt für diesen Gesprächsanlass ist Mavs Feststellung: „Ich verwaltete mein gesamtes Leben über den Safe" (S. 12). Die Schüler diskutieren, ob Mav durch die Nutzung des Safes ein gläserner Mensch geworden ist. Dabei orientieren sie sich an den bislang bekannten Informationen aus dem Roman. Ergänzend oder als Unterstützung können Sie den Artikel „Runter von meiner Wolke" von Anna Steiner in die Argumentation miteinbeziehen: *www.faz.net/aktuell/wirtschaft/netzkonferenz-dld/datenklau-statt-datenschutz-der-glaeserne-mensch-in-2030-14039128.html.*

Stellen Sie im Anschluss die Frage in den Raum, ob wir alle heute schon gläserne Menschen sind. Welche Daten geben die Jugendlichen von sich preis?

Mav ist ein gläserner Mensch, weil …
der Safe Mavs persönliche Daten speichert, wie z.B. ihre Finanzen und ihre Krankenakte, und sie dadurch angreifbar macht. Mav erkennt die Gefahren der Datenpreisgabe (z.B. unerlaubte Datenweitergabe, Datenmissbrauch, Datendiebstahl) nicht.

Mav ist kein gläserner Mensch bzw. nur teilweise ein gläserner Mensch, weil …
ihr Zugang zum Safe durch sie selbst erfolgt. Mav entscheidet, welche digitalen Funktionen sie nutzen möchte und welche Daten sie preisgibt.

Kreativ aktiv

Zurück aus der Zukunft
Stell dir vor, Zeitreisen wären möglich und du könntest einen Tag in der Zukunft verbringen.

Arbeitsaufträge:
1. Wähle eines der folgenden Produkte aus Mavs Alltag aus und berichte von deinen Erfahrungen:
   - PuC – das perfekte Auto für Fahranfänger
   - Screenpaper – Wer braucht schon ein Smartphone?
   - Der Safe – mein digitaler Speicherort in der Zukunft
   - Dose auf – Spray dir dein eigenes Display!
   - Digitale Kontaktlinsen – mehr sehen

2. Stelle das Produkt als Influencer in der Klasse vor. Beschreibe die Vorzüge, aber auch mögliche Nachteile.

Spicken früher und heute

Spicken ist ein unerlaubtes, aber beliebtes Hilfsmittel in Prüfungssituationen. Um nicht entdeckt zu werden, sind der Kreativität keine Grenzen gesetzt.

Arbeitsauftrag:
Spickzettel enthalten Notizen zu Themen, die möglicherweise abgefragt werden. Bei Bedarf lassen sie sich als Gedächtnisstütze verwenden. Stellt verschiedene Möglichkeiten des Spickens in Form einer Zeitleiste vor.

Lösungsvorschläge:

- Analoge Spickzettel früher und heute: Notizen auf Papier, ggf. in Geheimschrift, zwischen Arbeitsblättern oder erlaubten Hilfsmitteln (z.B. Wörterbüchern, Formelsammlungen), auf Tischflächen, Lineal, Handinnenflächen, im Mäppchen, Schuh, Socken oder Pausenbrot; Tarnung als kryptischer Tafelanschrieb; Austausch von Wandplakaten im Klassenzimmer, die aus Gruppenarbeiten stammen
- Digitale Spickzettel der Gegenwart: Smartphone, grafikfähiger Taschenrechner, Smartwatch
- Digitale Spickzettel der Zukunft: Brille mit digitalen Komponenten, Screenpaper, digitale Kontaktlinsen

Leben heute und in Zukunft

Mavs Lebensrealität unterscheidet sich von unserer heutigen Welt. Manches hat seinen Ursprung in unserer Gegenwart, anderes erscheint völlig futuristisch.

1. Vergleiche die heutige Welt mit dem Alltag aus dem Roman. Welche Gemeinsamkeiten und Unterschiede stellst du fest?

	Heute	Zukunft
Wohnen		
Schule		
Gesundheit		
Mobilität		
Sprache und Kommunikation		
Sicherheit im digitalen Raum		
Datenspeicherung		

2. Welche Entwicklungen findest du vorteilhaft, welche siehst du kritisch? Nenne jeweils eine und argumentiere.

Positive Entwicklung: ______________________________

____

____

Negative Entwicklung: ______________________________

____

____

Digitale Kontaktlinsen

Mav trifft im Optikfachgeschäft den Optechnician Marek. Er soll ihre digitalen Kontaktlinsen reparieren. Bis dahin erhält sie Ersatzlinsen.

1. Ihr Leben verwaltet Mav digital (S. 12 f.). Erkläre mithilfe der unten stehenden Begriffe, was ein Safe ist und wie er funktioniert.

Zugriff | personenbezogene Daten | Authentifizierung | virtuelle Umgebung

2. Marek erklärt Mav den eigentlichen Zweck der Kontaktlinsen (S. 13). Kreuze die zutreffenden Aussagen an.

Die Kontaktlinsen sollen ...	trifft zu
1. Mavs Augen vor UV-Strahlen schützen.	
2. Mavs Gedanken lesen.	
3. Mavs elektronische Geräte überwachen.	
4. Mavs Augeninnendruck messen.	
5. Mavs Finanzen verwalten.	
6. Mavs IQ testen.	
7. Mavs Tränenflüssigkeit auf Anomalien untersuchen.	
8. Temperatur und Licht in Mavs Wohnung steuern.	
9. Mavs Krankenakte speichern.	

3. Mav hat erkannt, dass der Safe sich auch für die Schule nutzen lässt. Beschreibe, wie sie den Begriff „Sehhilfe“ neu definiert hat (S. 13).

Seite 27 bis 42: Mavs Leben gerät aus den Fugen

Inhalt

Donnerstag, 14:42 Uhr (S. 27–35)
Mav will Marek in dessen Optikfachgeschäft mit den vermeintlich funktionsunfähigen Ersatzlinsen konfrontieren. Doch Marek liegt tot auf dem Boden. Das Display des Tresens zeigt Mavs geöffnetes Kundenprofil. Sie schließt es und verlässt hastig das Geschäft. Als sie zu Hause angekommen ist, verschafft sich kurz danach ein Einbrecher Zugang zu ihrer Wohnung und schießt auf sie. Mav entkommt und flüchtet in eine Gasse. Dort spricht sie ein Unbekannter an, den Mav für den Einbrecher hält. In Anlehnung an ihren Lieblingsfilm nennt sie ihn Hawk. Er verlangt von ihr, nicht zur Polizei zu gehen. Daraufhin springt Mav in die nächste S-Bahn. Hawk verfolgt sie, wird jedoch von einer fremden Gestalt im letzten Moment niedergeschlagen und bleibt an der Bahnstation zurück.

Donnerstag, 15:15 Uhr (S. 36–42)
Mav erinnert sich an ihre erste Begegnung mit Marek. Er ist ihr Ansprechpartner gewesen, seit sie infolge einer Virusinfektion auf medizinische Kontaktlinsen angewiesen ist. Er hat ihr Programmiertricks beigebracht und mit ihr über den sogenannten „Reboot" gesprochen, der als Konsequenz der lückenlosen Vernetzung umgesetzt worden ist und zu virtuellen Grenzen geführt hat. Mav kontaktiert mithilfe eines Screenpapers ihren Freund Ben. Kurze Zeit später bricht die Verbindung zu ihm jedoch ab. Nachdem Mav aus der S-Bahn ausgestiegen ist, steht der Mann vor ihr, der den Hawk-Doppelgänger am Bahngleis verprügelt hat.

Unterrichtsschwerpunkte

- Angst und Verzweiflung nachvollziehen
- digitale Vernetzung und Gegenmaßnahmen hinterfragen
- sich mit der Produktion, Verarbeitung, Speicherung und Löschung von Daten auseinandersetzen

Zu den Kopiervorlagen

Ein rätselhafter Tod
Im Mittelpunkt dieser Kopiervorlage stehen Mavs Reaktionen auf Mareks Tod. Die Schüler veranschaulichen zunächst die Entwicklung von Mavs Gefühlswelt. In der folgenden Aufgabe rekapitulieren sie die Fragen, die sich für die Protagonistin aus der Entdeckung des Mordes ergeben.

Lösung
Aufgabe 1:
- Gefühlszustand 3: Panik; mögliches Zitat: „Ohne weiter darüber nachzudenken, berührte ich das Display und schloss mein Profil. Dann stolperte ich zurück und lief davon." (S. 28)
- Gefühlszustand 2: Fassungslosigkeit; mögliches Zitat: „Er war schwer und leblos. Nein, nein, nein! Das konnte nicht sein." (S. 28)
- Gefühlszustand 1: Unbehagen; mögliches Zitat: „Der Hacktivist war immer sofort zur Stelle. Etwas stimmte nicht." (S. 27)

Aufgabe 2:
① Wer hatte Marek erschossen?
② Warum ist mein Kundenkonto geöffnet gewesen?

Verfolgt
Mithilfe dieser Kopiervorlage reflektieren die Jugendlichen, in welcher Gefahr Mav sich befindet. Marek ist tot und sie wird verfolgt. Die Schüler ordnen in der ersten Aufgabe die zentralen Handlungsschritte, die die bedrohliche Situation widerspiegeln. Danach dokumentieren sie in zwei vorgegebenen Kategorien, welche Unterstützung Mav bei ihrer Flucht erhält.

Lösung
Aufgabe 1:
① Gestalt an der Balkontür
② Flucht in die Abstellkammer
③ Schuss des Verfolgers auf Cutie
④ Notruf über das Screenpaper
⑤ Ablenkung durch eine 3D-Projektion
⑥ Türöffnung mithilfe des Irisscanners
⑦ Kugeleinschlag in den Türrahmen
⑧ Mavs Flucht durch die Straßen
⑨ Hawks Auftauchen in der Gasse
⑩ Irisscan an der S-Bahn-Station
⑪ Signal der S-Bahn-Türen zum Schließen
⑫ Hawks Sturz zu Boden

Aufgabe 2:

- Technik: Der Irisscanner öffnet die Wohnungstür und die Sicherheitsschranke der S-Bahn (S. 33, S. 35), eine 3D-Projektion lenkt den Einbrecher ab (S. 32 f.).
- Mensch: Ein Unbekannter stößt Hawk am S-Bahn-Gleis zu Boden (S. 35).

KV Seite 14

Lückenlose Vernetzung

Im Zentrum der Kopiervorlage steht der Reboot, über den Mav und Marek zu einem früheren Zeitpunkt diskutiert haben. In einem ersten Schritt übertragen die Schüler Mareks Assoziation des „Wilden Westens" auf die Technologie. In Aufgabe 2 betrachten die Jugendlichen die Bedeutung des Reboots aus zwei Perspektiven. Sprechen Sie im Zuge dessen an, welchen Einfluss das Alter der beiden Protagonisten auf ihre Sicht dieses Umbruchs hat. Mav kennt nur die jetzige Form der Datenspeicherung und -übermittlung, während Marek das klassische Internet noch miterlebt hat. Die dritte Aufgabe beinhaltet eine kritische Auseinandersetzung mit der Erfassung und Speicherung persönlicher Daten.

Im Anschluss bietet sich der Gesprächs- oder Schreibanlass „‚Reboot-Gesetz' – Wohltat oder Schreckensszenario?" (siehe rechte Spalte) an. Für eine ausführlichere Auseinandersetzung mit dem Thema „Datenschutz" finden Sie in der Rubrik „Kreativ aktiv" einen Arbeitsauftrag (siehe rechte Spalte).

Diskutieren Sie mit den Jugendlichen je nach deren Wissensstand auch bereits aktuelle Verfahren, die die Bereitstellung von Daten im Netz beschränken, z. B. Uploadfilter. Informationen und Meinungen hierzu finden Sie beispielsweise unter *https://netzpolitik.org/2021/urheberrechtsreform-uploadfilter-werden-gesetz/* oder *https://de.wikipedia.org/wiki/Upload-Filter.*

Lösung

Aufgabe 1:

① unbegrenzte Freiheit bei der Datenproduktion

② fehlender Schutz bei der Nutzung und Veröffentlichung der Daten durch andere

Aufgabe 2:

Mav: „Der Reboot bedeutete die Löschung des Internets." (vgl. S. 37)
„Der Reboot war ein Neustart für alle." (vgl. S. 37)

Marek: „Der Reboot stellte eine Reform dar." (vgl. S. 37)
„Vor dem Reboot waren wir freier als heute." (vgl. S. 38)
„Die Menschen und ihr Umgang mit der Technologie waren schuld an den Problemen, die zum Reboot führten." (vgl. S. 38)

Aufgabe 3:

Solange Daten gespeichert werden, sind sie nicht sicher.

Gesprächs- oder Schreibanlass

„Reboot-Gesetz" – Wohltat oder Schreckensszenario?

Was wäre, wenn der Gesetzgeber ein „Reboot-Gesetz" verabschieden würde? Die Jugendlichen überlegen, welche Auswirkungen ein Reboot für sie hätte. Zu diesem Zweck wählen sie zwischen zwei Möglichkeiten.

Arbeitsaufträge:

1. Ihr habt auf Social-Media-Plattformen erfahren, dass ein „Reboot-Gesetz" zur Löschung des Internets führen soll. Diskutiert mit einem Partner die Vor- und Nachteile eines solchen Gesetzes.
2. Du hast einen Ausbildungsplatz in der Firma gefunden, die den Reboot auf der Grundlage des „Reboot-Gesetzes" durchführen soll. Berichte von deinem Arbeitsalltag im Unternehmen und wie du das Gesetz in der Praxis umsetzt.

Kreativ aktiv

Wie schütze ich mich und meine persönlichen Daten?

Damit Szenarien wie ein Reboot nicht nötig sind, sind Aufklärungsgespräche darüber sinnvoll, wie die Schüler ihre persönlichen Daten schützen können.

In einem ersten Schritt überlegen sie, was sie unter personenbezogenen Daten verstehen, und teilen ihre Kenntnisse, z. B. in der Wortwolke „AnswerGarden" (siehe grauer Kasten auf S. 11). Im Anschluss daran führen sie eine Internetrecherche durch und sammeln Tipps und Tricks, die sie im Klassenverband vorstellen.

Arbeitsaufträge:

1. Notiere, welche Daten eines Menschen zu den personenbezogenen Daten gehören.

2. Führe eine Internetrecherche zum Thema „Datensicherheit" auf *www.klicksafe.de* durch.
3. Stelle drei Tipps und Tricks vor, wie du deine persönlichen Daten schützen kannst.

Lösungsvorschläge:
1. Name, Adresse, Geburtsdatum, Staatsangehörigkeit, Familienstand, Religionszugehörigkeit, biometrische Daten (z.B. Fingerabdrücke), Ausweisnummer, Telefon- und Handynummer, E-Mail-Adresse, Angaben zu Schule, Arbeits- oder Ausbildungsstätte, Noten, Zeugnisse, Gesundheitsangaben, Bankverbindungen, Vermögensangaben, Fotos, Videos.
3. z.B. Datenschutzeinstellungen auf dem Smartphone und dem Computer anpassen, Anmeldevorgänge mithilfe von Pseudonymen vornehmen, datenschutzkonforme Suchmaschinen im Internet nutzen.

Quellen:
www.klicksafe.de/privatsphaere-und-big-data
www.klicksafe.de/fileadmin/cms/download/Material/Div._Printmedium/JugendlicheZehnGebote_Digitale Ethik.pdf

AnswerGarden
AnswerGarden ist ein Web-Tool, um kurze Antworten, Ideen und Rückmeldungen von Schülern zu sammeln. Die Anzeige der eingegebenen Begriffe erscheint in Echtzeit in Form einer Wortwolke. Der Dienst ist kostenlos und erfordert keine Registrierung. Sie benötigen keine App und kein spezielles Programm. Legen Sie über die Internetseite *https://answergarden.ch* eine Frage an oder geben Sie ein Thema ein. Dazu klicken Sie auf „Create AnswerGarden". Wählen Sie dann das Brainstorming aus. Während die Schüler ihre Ideen, Stichworte oder Meinungen über ein Tablet abgeben, verteilen sich die Antworten auf der virtuellen Pinnwand wie bei einer Wortwolke.

Ein rätselhafter Tod

An den Ersatzlinsen fallen Mav merkwürdige Dinge auf. Deshalb möchte sie so schnell wie möglich ihre alten Kontaktlinsen abholen. Als sie den Verkaufsraum des Optikfachhandels betritt, macht sie eine schreckliche Entdeckung.

1. Gestalte ein „Gefühlsbarometer", das Mavs Empfindungen bildlich darstellt.

a) Trage Mavs Gefühlszustände von unten nach oben in das Schaubild ein.

Panik | Unbehagen | Fassungslosigkeit

b) Ergänze die Gefühlszustände jeweils durch ein passendes Zitat aus dem Roman. Lies dafür noch einmal die Seiten 27 und 28.

Gefühlszustand 3:

____

Gefühlszustand 2:

____

Gefühlszustand 1:

____

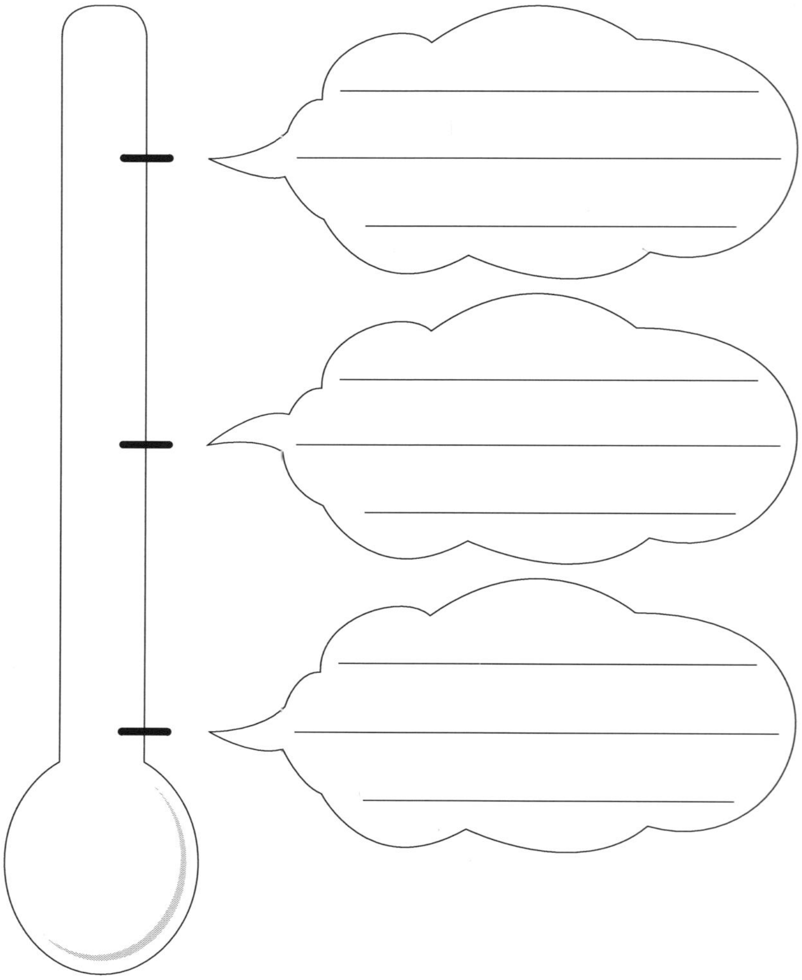

2. Mav verlässt fluchtartig den Laden. Welche Fragen stellt sie sich zu Hause?

① ______________________

② ______________________

Verfolgt

Als Mav zu Hause ist, hört sie auf dem Dach Geräusche und glaubt zuerst, dass Roboter die Solaranlage reinigen. Doch dann erinnert sie sich: Die Solarzellen sind bereits am Morgen gesäubert worden ... Wer oder was ist das?

1. Bringe die Handlungsschritte in die richtige Reihenfolge. Trage die Ziffern 1 bis 12 aus der Zielscheibe ein. Lies dafür Seite 30 bis 35.

- ◯ Signal der S-Bahn-Türen zum Schließen
- ◯ Kugeleinschlag in den Türrahmen
- ◯ Notruf über das Screenpaper
- ◯ Schuss des Verfolgers auf Cutie
- ◯ Flucht in die Abstellkammer
- ◯ Gestalt an der Balkontür
- ◯ Hawks Sturz zu Boden
- ◯ Ablenkung durch eine 3D-Projektion
- ◯ Irisscan an der S-Bahn-Station
- ◯ Mavs Flucht durch die Straßen
- ◯ Hawks Auftauchen in der Gasse
- ◯ Türöffnung mithilfe des Irisscanners

1 2 3 4 5 6 7 8 9 10 11 12

2. Mav erhält Hilfe von außen. Notiere, wer und was ihre Rettung ist.

Technik: ______________________________

____

____

Mensch: ______________________________

____

Lückenlose Vernetzung

In der S-Bahn erinnert sich Mav an Marek. Die lückenlose Vernetzung der Welt und ein darauffolgender drastischer Schritt haben ihnen viel Gesprächsstoff geboten.

1. Vor dem Reboot galt das Internet als „der Wilde Westen der Technologie" (S. 37). Was meint Marek damit?

① ____

____

② ____

____

2. Der Reboot stellte einen starken Umbruch dar (S. 37 f.). Verdeutliche die unterschiedlichen Blickwinkel auf dieses Ereignis.

3. Marek kritisiert, dass durch den Reboot die Probleme „nicht weniger geworden" seien (S. 39). Wie lautet sein wesentlicher Kritikpunkt?

____

____

Seite 43 bis 85: Unheimliche Begegnungen

Inhalt

Donnerstag, 15:28 Uhr (S. 43–55)
Der Fremde, der Mav an der S-Bahn-Station erwartet, heißt Bodo Bader. Er ist Polizist und befragt Mav in seinem Auto zu Mareks Tod. Als Bader sie auf ihre Mutter und ihren Vater anspricht, erzählt Mav ihm von ihrer Familiensituation. Bader erklärt, dass Mav eine der Letzten gewesen sei, die Marek noch lebend gesehen haben. Er weiß von Mareks Vergangenheit als Hacktivist und fragt Mav, ob sie am Tag von Mareks Tod neue Kontaktlinsen abgeholt habe. Mav erkennt Baders Aftershave wieder. Es ist derselbe Geruch wie am Tatort. Baders Ton wird drohender und er fordert Mav auf, ihn anzuschauen. Sie begreift, dass er prüfen möchte, ob sie die Linsen trägt. Seine Unachtsamkeit im Straßenverkehr führt jedoch zu einem Auffahrunfall. Mav nutzt den Streit zwischen ihm und dem Unfallgegner und fährt mit Baders Auto davon. Nachdem ihr Versuch, über eine Call-Wall Hilfe zu rufen, scheitert, muss Mav sich an anderer Stelle Unterstützung suchen.

Donnerstag, 16:01 Uhr (S. 56–63)
Mav klingelt schließlich an der Haustür ihrer Mitschülerin Emma. Sie bittet sie, ihr das Auto ihrer Mutter zu leihen, da sie selbst keinen Zugang mehr zu ihrem Safe habe und dadurch handlungsunfähig sei. Emma will ihr nur helfen, wenn Mav sie mit Ben verkuppelt. Mav lehnt ab und verlässt Emmas Haus. Im letzten Moment erklärt sich Emma doch noch bereit, ihr ein PuC, ein öffentliches Elektrofahrzeug, freizuschalten. Damit macht sich Mav auf den Weg zu Ben.

Donnerstag, 16:26 Uhr (S. 64–79)
Im Auto ruft Mav Ben an. Kurz erzählt sie von ihrer Begegnung mit Bader. Da Ben sich wegen der abgebrochenen Verbindung Sorgen gemacht hat, hat er sich an die Polizei gewandt. Mav bittet ihn, sich dort nicht mehr zu melden. Bei Ben angekommen, schlägt dieser vor, aufgrund von Mavs Schlussfolgerungen doch die Polizei zu informieren. Aber Mav traut Bader nicht und will stattdessen selbst herausfinden, was das Besondere an den Kontaktlinsen ist. Als Ben ihr gesteht, dass er Angst um sie gehabt hat, und ihr lange in die Augen blickt, bemerkt er, dass sich Mavs Augenfarbe verändert. In diesem Moment aktivieren sich die Kontaktlinsen. Mav kann Bens Profil einsehen. Kurze Zeit später steht Hawk auf der Terrasse und fordert sie auf, ihm die Kontaktlinsen zu übergeben. Er stellt sich als Eigentümer und Entwickler der digitalen Sehhilfe vor, die ihm gestohlen worden sei. Als sie sicher sind, dass er nicht mehr bewaffnet ist, lassen Mav und Ben ihn herein.

Donnerstag, 17:40 Uhr (S. 80–85)
Hawk erzählt, dass er und sein Partner Kaspersky einen Prototyp entwickelt haben, der die Iris einer anderen Person kopiert, um sich Zugang zum digitalen Safe zu verschaffen. Während Hawk die Kontaktlinsen optimieren will, hat Kaspersky mit dem technischen Durchbruch Geld verdienen wollen. Hawk erklärt, dass Unbekannte bei ihnen eingebrochen seien, die Kontaktlinsen entwendet und Kaspersky umgebracht hätten. Nun möchte er den Mord und den Diebstahl aufklären. Der Programmierer hat Mavs Profil gesperrt, damit nicht noch mehr Menschen in die Sache hineingezogen werden. Für den Zugriff auf ihren Safe verlangt Hawk im Gegenzug die Kontaktlinsen, da deren Existenz brisant und gefährlich sei. Mav und Ben sollen sich aus der Angelegenheit heraushalten. Hawk bietet Mav ein Paar Ersatzlinsen zum Tausch an. Das Mädchen nimmt diese zwar an, ist jedoch noch nicht bereit, Hawks Kontaktlinsen herauszugeben.

Unterrichtsschwerpunkte

- Chancen und Grenzen digitaler Kommunikationsmittel analysieren
- Figurenkonstellationen untersuchen
- Perspektiven wechseln
- sich über Datenschutz und Datenmissbrauch Gedanken machen

Zu den Kopiervorlagen

Ohne Zugang
Diese Kopiervorlage verdeutlicht Mavs Abhängigkeit von digitalen Kommunikationsmitteln. In Aufgabe 1 beschäftigen sich die Schüler genauer mit zwei Kommunikationsmitteln der Zukunft und führen eine kurze Gegenstandbeschreibung durch. Sie werden sich im Zuge dessen auch der Grenzen dieser Kommunikationsmittel bewusst. Ohne Zugang zu ihrer digitalen Lebenswelt muss Mav auf analoge Unterstützung zurückgreifen. In der letzten Aufgabe reflektieren die Jugendlichen die Grenzen unserer heutigen Kommunikationsmittel (z. B. Smartphone, Tablet), die – anders als im Roman – nach wie vor auf eine Stromquelle angewiesen sind.

Lösung

Aufgabe 1:

Kommunikationsmittel: Screenpaper

Funktionsweise und Besonderheiten: flexible und formbare digitale Folie am Handgelenk; Login-Möglichkeit für den Zugang zum Safe; Ladung über Körperwärme oder Reibung
→ Problem: Verbindungsfehler

Kommunikationsmittel: Call-Wall

Funktionsweise und Besonderheiten: rahmenlose hohe Glaswand; Scan-Vorrichtung für den Safe-Login; Platzierung in der Nähe von Bahnhöfen und Haltestellen
→ Problem: Profil wird nicht erkannt

Aufgabe 2:

a) Mav wendet sich an ihre Mitschülerin Emma.

b) Bei der Nutzung digitaler Hilfsmittel ist Mav normalerweise nicht auf andere Menschen und deren Launen und Bedürfnisse angewiesen.

c) Über Emmas Kontaktliste im PuC kann Mav Ben aus dem Auto anrufen.

Aufgabe 3:

Heutzutage sind alle Geräte auf Strom angewiesen. Sind keine Energiequellen in der Nähe und der Akku aufgebraucht, ist das Gerät nutzlos. Zudem ist in einigen Regionen der Telefon- und Datenempfang sehr schlecht, sodass Kommunikation nicht überall problemlos möglich ist. Solche Schwierigkeiten spielen im Roman keine Rolle mehr.

KV Seite 21

Im Kreuzverhör

Bei dieser Kopiervorlage rückt die Rolle der Polizei in den Vordergrund. Aufgabe 1 verdeutlicht, wie Bader Mavs Vertrauen gewinnen will. Der folgende Arbeitsauftrag fördert durch das genaue Lesen die inhaltliche Auseinandersetzung und das Textverständnis.

Lösung

Aufgabe 1:

Am Anfang sieht der Tod des Optechnician nach einem Überfall aus.

Auf dem Weg zum Einsatzort erhalte ich einen weiteren Notruf wegen eines Einbruchs unweit des Tatorts.

Da sehe ich dich und deinen Verfolger die Straße entlangrennen.

Schließlich meldet sich ein besorgter Junge: Seine Freundin sei im Zusammenhang mit dem Mord in Gefahr.

Aufgabe 2:

Behauptungen	richtig	falsch
Hawk hat den Kriminalkommissar mit einem Messer angegriffen und ist entkommen.	X	
Der Kriminalkommissar will Mav mit einem Countdown unter Druck setzen und sie auf diese Weise zu einem Geständnis bewegen.		X
Bader glaubt, es ist kein Zufall, dass Mavs Kundenprofil am Tatort aufgerufen war und sie verfolgt wird.	X	
Mav ist eine der letzten Personen gewesen, die mit Marek vor dessen Tod gesprochen hat.	X	
Mav kann durch die nun aktiven Kontaktlinsen das PuC wieder starten und flieht vor Bader.		X

Korrigierte Aussagen:

Der Kriminalkommissar will prüfen, ob Mav die gesuchten Kontaktlinsen trägt. Er beginnt zu zählen, aber Mav weiß nicht, was das zu bedeuten hat (vgl. S. 51).

Nach einem Auffahrunfall rutscht Mav auf den Fahrersitz von Baders Wagen und flüchtet (vgl. S. 51 f.).

KV Seite 22

In der Höhle der Löwin

Im Mittelpunkt steht die Kommunikation zwischen Mav und Emma, die mit einer akzeptablen Lösung endet. Die Schüler untersuchen die Möglichkeiten, wie Emma Mav helfen könnte. In der zweiten Aufgabe verdeutlichen sie Mavs gegenwärtige Problemlagen. Danach präzisieren die Jugendlichen, unter welchen Bedingungen Emma Mav unterstützen würde. Den Kompromiss zwischen den beiden Mädchen halten sie in der vierten Aufgabe fest.

Lösung

Aufgabe 1:

Emmas Auto; das Auto von Emmas Mutter

Aufgabe 2:
Mav hat keinen Zugang mehr zu ihrem Safe.
Mav kann sich kein Auto mieten.
Mav kann keine öffentlichen Verkehrsmittel nutzen (da sie ohne Profil auch keinen Fahrschein vorweisen kann).
Mav wird verfolgt.

Aufgabe 3:
Emma möchte, dass Mav bei ihrem Freund Ben ein gutes Wort für sie einlegt.
Emma glaubt, dass sie gut zusammenpassen würden, hält Ben aber für sehr zurückhaltend.

Aufgabe 4:
„Ich kann dir ein PuC freischalten. Das Geld will ich dann aber zurück. Und du musst mir versprechen, es nicht zu Schrott zu fahren."

KV Seite 23

Gefährliche Kontaktlinsen

Im Zentrum dieser Kopiervorlage steht die Analyse der Kontaktlinsen. Die Schüler beschäftigen sich zunächst mit der Funktionsweise der besonderen Sehhilfen. Aufgabe 3 beinhaltet dann eine Reflexionsleistung auf Basis der Arbeitsergebnisse der ersten beiden Aufgaben. Die unter Umständen auftretende Skepsis und Ablehnung können Sie im Anschluss für den Gesprächs- oder Schreibanlass „Brille gegen Daten?" nutzen (siehe S. 19).

Lösung
Aufgabe 1:
Gebrauchsanweisung: Blicken Sie nach Einsetzen der Kontaktlinsen Ihrem Gegenüber vier Sekunden lang in die Augen. Die Kontaktlinsen aktivieren sich und kopieren die Iris der anderen Person. Nun können Sie sich Zugang zu deren Profil verschaffen. Die Initialisierung beginnt und Sie loggen sich mithilfe der Linsen automatisch in den Safe Ihres Gegenübers ein.

Skizze:

z.B.

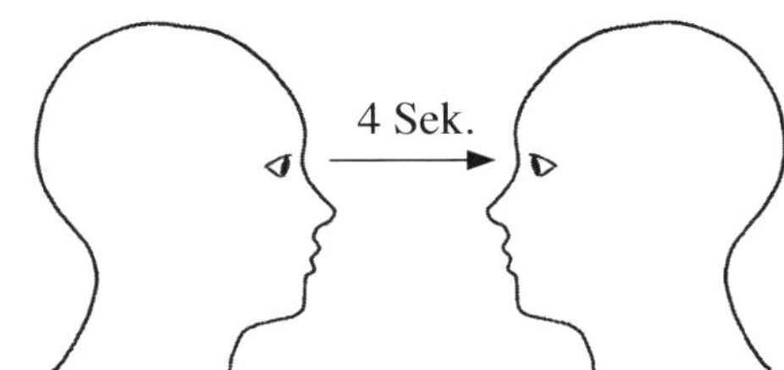

Aufgabe 2:
Die Kontaktlinsen widersetzen sich allen Sicherheitsstandards. Ihr Träger kann sich mühelos Zugang zu jedem Profil verschaffen.

Aufgabe 3:
Mav hat sich Zugang zu Bens Profil verschafft – und damit zu all seinen Daten. Er hat keine Chance, den Zugriff von außen zu stoppen.
Durch die neue Augenfarbe fühlt sich Mav auch ihrer eigenen Identität beraubt.

Aufgabe 4:
Die Kontaktlinsen sind gefährlich, wenn sie in falsche Hände geraten. Sie geben dem Träger sehr viel Macht und lösen bei unberechtigten Zugriffen auf Profile bei den Betroffenen Hilflosigkeit aus. Insofern ist die Überschrift passend gewählt.

KV Seite 24

Rätselhafte Gestalten

Diese Kopiervorlage verdeutlicht, dass es mehrere Figuren im Roman gibt, die Mav wegen der Linsen verfolgen. Die Beschäftigung mit dem Gespräch zwischen Mav, Hawk und Ben macht den Jugendlichen bewusst, dass der Programmierer ein ernsthaftes Interesse an den Kontaktlinsen hat, jedoch überhaupt nicht in Mavs Wohnung gewesen ist. Die zweite Aufgabe sollte im Klassenverband gelöst werden. Die Schüler erarbeiten anhand einer Aussage in Rätselform die Verfolger von Mav und beschriften das Figurendreieck entsprechend. Die Identität der dritten Person ist zu diesem Zeitpunkt der Lektüre noch nicht geklärt. Greifen Sie diese Kopiervorlage später noch einmal auf, wenn der letzte Verfolger (Sicherheitsmann der MedSol AG) bekannt ist (vgl. S. 172).

Lösung
Aufgabe 1:

Nummer	Inhalt
3	Der Unbekannte fordert die Linsen von Mav zurück.
6	Hawk trackt nicht Mav, sondern die Linsen, die sie trägt.
1	Auf der Terrasse steht der Unbekannte, der Mav bis zur S-Bahn verfolgt hat und den sie Hawk nennt.
7	Der Unbekannte ist nach eigener Aussage nie in Mavs Wohnung gewesen.
4	Hawk erklärt Mav, er sei der rechtmäßige Besitzer der Kontaktlinsen.
2	Hawk hält einen transparenten Behälter aus Kunststoff in der Hand.
5	Er behauptet, die Kontaktlinsen entwickelt zu haben, doch dann seien sie ihm gestohlen worden.

Aufgabe 2:
A = Bodo Bader
B = Unbekannter
C = Hawk

KV Seite 25

Mit anderen Augen

Bislang haben die Leser und die Protagonisten die Geschehnisse nur aus der Perspektive der Ich-Erzählerin Mav erlebt. Die Begegnung mit Hawk birgt neue Erkenntnisse und einen anderen Blick auf die Ereignisse des Tages.

Einen Einstieg in die Unterrichtsstunde ermöglicht der Gesprächsanlass „Etwas mit anderen Augen sehen" (siehe S. 19). Leiten Sie mit den gewonnenen Eindrücken auf das Arbeitsblatt über. Anhand von Hawks Aussagen füllen die Schüler zunächst einen Steckbrief aus.

Die folgende Aufgabe veranschaulicht die unterschiedlichen Beweggründe der Figuren Hawk und Kaspersky. Mit der Bearbeitung von Aufgabe 3 wird den Jugendlichen ein neuer Blick auf das Geschehene geboten. Sie fassen Hawks Thesen zusammen, durch die Mav weitere Anhaltspunkte für ihre Recherchen erhält.

Lösung

Aufgabe 1:
Beruf: Programmierer
Zusammenarbeit mit: Kaspersky
Gemeinsames Projekt: Entwicklung von Kontaktlinsen, die die Iris anderer kopieren
Arbeitsergebnis: Prototyp, der Login in fremden Safe ermöglicht

Aufgabe 2:
a) Hawk: Er möchte die Linsen testen und optimieren.
→ Interesse an der Weiterentwicklung
Kaspersky: Er sieht die Kontaktlinsen als Geldquelle an.
→ Interesse an Reichtum
b) Ergebnis: Einigung über weitere Testung des Prototyps

Aufgabe 3:
① Kaspersky wollte mit den falschen Leuten Geschäfte machen.
② Nach Kasperskys Absage haben Unbekannte die Linsen gestohlen und Kaspersky ermordet.
③ Kaspersky hatte Kontakt zu einem gewissen „Bane".

Die Macht der Kontaktlinsen

Beginnen Sie mit dem Gesprächsanlass „Machtvolle Technik" (siehe S. 19). Danach bearbeiten die Schüler dieses Arbeitsblatt, das den Sicherheitsaspekt der Kontaktlinsen aufgreift. In Aufgabe 1 ordnen sie mithilfe von Oberpunkten Informationen. Im Zuge des zweiten Arbeitsauftrags setzen sie sich damit auseinander, welche Vor- und Nachteile ein Tausch der Kontaktlinsen für Mav hat. Die dritte Aufgabe vertieft den Machtaspekt in Form eines Worst-Case-Szenarios. Die Schüler überlegen, welche Auswirkungen es haben könnte, wenn die Kontaktlinsen in die Hände von Menschen gerieten, die sie als Instrument für Manipulation oder Gewalt nutzten.

Lösung

Aufgabe 1:

Ziel	Grund	Umsetzung
Zugang zu Kasperskys Safe	Hawk sucht nach Informationen zu Kasperskys Mord und zum Verbleib der Linsen.	Hawk trickst die Plausibilitätschecks aus, die andernfalls bemerken würden, dass der Eingeloggte bereits tot ist.
Sperren fremder Profile	Niemand soll in die Angelegenheit hineingezogen werden und von den Linsen erfahren.	Hawk sperrt Mavs Profil von außen mithilfe eines Codes.

Aufgabe 2:
Vorteile: Wenn Mav auf den Tausch eingeht, erhält sie ihr altes Leben zurück. Sie bekommt wieder vollen Zugriff auf ihren Safe. Dies ermöglicht ihr wahrscheinlich auch, sich frei zu bewegen, ohne verfolgt zu werden.
Nachteile: Mav hat keine Sicherheit, dass ihre Verfolger von ihr ablassen. Außerdem kann ihr Safe jederzeit wieder gesperrt werden. Mit den manipulierten Linsen kann sie sich Zugriff auf fremde Konten und somit Freiheit verschaffen. Das bleibt ihr mit normalen Linsen verwehrt.

Aufgabe 3:
z.B.
Das Militär könnte die Linsen nutzen, um an Informationen zu feindlichen Truppen zu gelangen. Im schlimmsten Fall kommt es dann zum Krieg, in dem die Seite, die im Besitz der Linsen ist, einen klaren Vorteil gegenüber ihrem Gegner hat.
Auch ein Putsch durch das Militär würde durch die Linsen wesentlich einfacher. Das Worst-Case-Szenario wäre eine Militärdiktatur.

Gesprächs- und Schreibanlässe

Brille gegen Daten?

Die im Roman präsentierten Kontaktlinsen gibt es in einfacherer Form tatsächlich. Ein US-amerikanischer Konzern meldete 2014 Kontaktlinsen, in die eine Kamera integriert ist, als Patent an. Der Vorläufer dieser Entwicklung ist eine Art „Datenbrille". Thematisieren Sie die Funktionsweise dieser Kontaktlinsenvorläufer und regen Sie die Schüler zu einer kritischen Auseinandersetzung mit der Datenbrille an.

Arbeitsauftrag:
Entwickler sehen die Datenbrille als wichtigen Schritt in ein neues Zeitalter der Computernutzung an, durch den sich neuartige Anwendungen anstoßen lassen. Stell dir vor, du bekommst diese Brille kostenlos. Dafür stimmst du aber zu, dass alle über diese spezielle Sehhilfe erfassten Daten direkt an den Anbieter übermittelt werden. Setze dich kritisch mit diesem Szenario auseinander.

Lösungsvorschlag:
Die Zielsetzung, die Informationen der Welt zu organisieren und für alle zu jeder Zeit zugänglich und nutzbar zu machen, und die Möglichkeiten der Datenbrille sind kritisch zu betrachten. Die verdeckte Aufzeichnung von Bild und Ton im öffentlichen Raum und deren automatische Übermittlung auf konzerneigene Server verstößt nach Ansicht von Experten gegen das Recht auf informationelle Selbstbestimmung. Zudem können die aufgezeichneten Daten mit Gesichts- und Spracherkennungssoftware unbegrenzt ausgewertet und gespeichert werden. Jeder Träger der Datenbrille übermittelt seinen Standort und gestattet dadurch die Erstellung von Bewegungsprofilen. Im Falle einer Nutzung müssten die Datenschutzeinstellungen so erfolgen, dass möglichst wenige Daten erhoben werden. Wünschenswert wäre daher in naher Zukunft ein Inkognitomodus wie bei datenschutzkonformen Suchmaschinen, der eine „anonyme" Nutzung ermöglicht. Anwender müssen sich aktiv mit dem Schutz ihrer Daten auseinandersetzen, bevor große Unternehmen mit wirtschaftlichen Interessen diese sammeln und verarbeiten (zitiert nach *https://de.wikipedia.org/wiki/Google_Glass*).

Etwas mit anderen Augen sehen

Führen Sie ein Brainstorming zur Redensart „etwas mit anderen Augen sehen" durch. So wird deutlich, dass sich hinter dieser Wendung auch ein Perspektivwechsel verbirgt. Die Integration weiterer Informationen führt zu neuen Überlegungen und Erkenntnissen. Übertragen Sie die Sammlung auf die Romanfiguren und die Bedeutung der Kontaktlinsen. Die Schüler sollen begreifen, dass es darum geht, die eigene Sichtweise zu erweitern oder zu ändern. Denn jeder Beteiligte bietet einen anderen Blick auf die Ereignisse.

Lösungsvorschlag:
die Meinung ändern, anders über etwas denken, etwas anders sehen, einen anderen Standpunkt einnehmen / nachvollziehen, eine andere Sichtweise akzeptieren (lernen), zu einer anderen Auffassung gelangen, den eigenen Standpunkt überdenken, seine Einstellung zu etwas ändern

Machtvolle Technik

Die aktuelle Technik unterstützt uns in vielen Situationen unseres Lebens, fordert uns aber immer wieder dazu auf, die Kontrolle und Verantwortung abzugeben. Die Jugendlichen nennen hierzu Beispiele aus ihrer Lebenswelt.

Arbeitsauftrag:
Welche digitale Technik unterstützt euch im Alltag, welche übt Kontrolle aus?

Lösungsvorschlag:
z. B. Smartphone, Tablet, PC, Apps, Sprachassistenten, Fahrerassistenzsysteme in Fahrzeugen, Geräte, die dem Smart-Home-Prinzip folgen (Heizungssteuerung, intelligente Haushaltsgeräte)

Ohne Zugang

Erfolglos versucht Mav, ihren Freund Ben auf digitalem Weg von Mareks Tod und der Verfolgung zu erzählen.

1. Mav nutzt zwei digitale Kommunikationsmittel (S. 39 ff., S. 54).

a) Erläutere die Funktionsweisen und die Besonderheiten der Kommunikationsmittel. Recherchiere zusätzlich im Glossar am Ende des Romans.
b) Welche Probleme treten bei deren Nutzung auf?

Kommunikationsmittel: ______	Kommunikationsmittel: ______
Funktionsweise und Besonderheiten:	Funktionsweise und Besonderheiten:
→ Problem: ______	→ Problem: ______

2. Die digitalen Hilfsmittel bringen Mav nicht weiter.

a) Wo sucht sie nun nach Unterstützung?

b) Worin liegt der Unterschied zwischen den digitalen Hilfsmitteln und analoger Hilfe?

c) Wie gelingt Mav am Ende doch noch die digitale Kommunikation mit Ben?

3. Wann stoßen wir heutzutage an die technischen Grenzen digitaler Kommunikationsmittel? Diskutiere mit einem Partner.

Im Kreuzverhör

Nachdem Mav die S-Bahn verlassen hat, trifft sie auf Bcdo Bader. Er weist sich als Polizist aus. Mav ist jedoch skeptisch, denn die erste Begegnung mit Bader verlief nicht sehr vertrauenerweckend (S. 42 f.).

1. Wie erklärt Bader sein mysteriöses Auftreten? Ergänze die Satzanfänge mit seinen Aussagen.

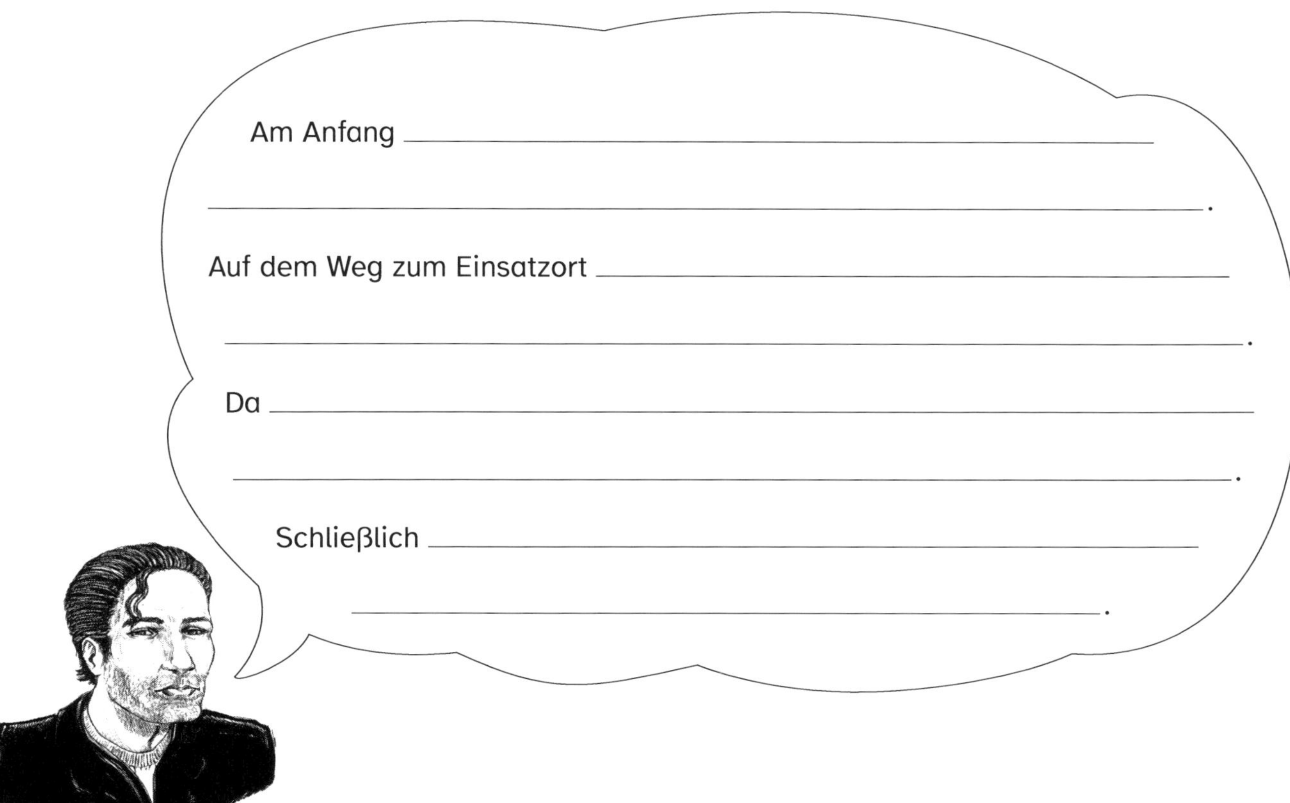

2. Richtig oder falsch? Kreuze die entsprechende Antwort an und korrigiere die falschen Behauptungen in deinem Heft. Lies dafür die Seiten 45 bis 52.

Behauptungen	richtig	falsch
Hawk hat den Kriminalkommissar mit einem Messer angegriffen und ist entkommen.		
Der Kriminalkommissar will Mav mit einem Countdown unter Druck setzen und sie auf diese Weise zu einem Geständnis bewegen.		
Bader glaubt, es ist kein Zufall, dass Mavs Kundenprofil am Tatort aufgerufen war und sie verfolgt wird.		
Mav ist eine der letzten Personen gewesen, die mit Marek vor dessen Tod gesprochen hat.		
Mav kann durch die nun aktiven Kontaktlinsen das PuC wieder starten und flieht vor Bader.		

In der Höhle der Löwin

Mav klingelt an Emmas Haustür, da sie dringend Unterstützung benötigt. Ob Mavs „geliebte Feindin“ (S. 57) bereit ist, ihr zu helfen?

1. Welche Forderungen äußert Mav? Kreuze die passenden Antworten an.

☐ das Auto von Emmas Mutter
☐ Emmas Screenpaper für einen Fahrscheinkauf
☐ Geld für eine Fahrkarte
☐ Emmas Auto
☐ Emmas Bereitschaft, Mav zu fahren
☐ das Auto von Emmas Bruder
☐ Emmas Kontaktlinsen für einen Fahrscheinkauf

2. Notiere Mavs Probleme in vier Sätzen. Lies dafür Seite 59.

Mav ______________________________.

Mav ______________________________.

Mav ______________________________.

Mav ______________________________.

3. Emma schlägt Mav einen „Deal“ vor, um für ihre Hilfe eine Gegenleistung zu erhalten (S. 60). Was erhofft sie sich?

Emma möchte, ______________________________

______________________________.

Emma glaubt, ______________________________

______________________________.

4. Mav lehnt Emmas Vorschläge mehrmals ab. Emma unterbreitet ihr schließlich ein neues Angebot (S. 61). Trage es ein.

____

____

____

Gefährliche Kontaktlinsen

Mav fährt zu Ben. Sie will mehr über die mysteriösen Kontaktlinsen herausfinden. Keine Polizei, lautet ihre Devise, aus Angst vor Baders Rückkehr und der Beschlagnahmung der Kontaktlinsen.

1. Wie funktionieren die Linsen? Schreibe eine Gebrauchsanweisung und fertige dazu eine Skizze an. Orientiere dich an der Beschreibung im Roman ab Seite 70.

Gebrauchsanweisung: ______________________________

____

____

____

____

Skizze:

2. Die Kontaktlinsen offenbaren eine Sicherheitslücke (vgl. S. 74). Erkläre sie.

____

____

3. Die Kontaktlinsen können einen doppelten Identitätsverlust bewirken. Belege diese Behauptung mithilfe des Romans.

____

____

____

____

4. Betrachte die Überschrift. Ist sie passend? Begründe deine Meinung.

Rätselhafte Gestalten

Mav und Ben wissen jetzt mehr über die mysteriösen Kontaktlinsen. Plötzlich löst jemand oder etwas den Bewegungsmelder im Garten aus.

1. Lies die Seiten 74 bis 77. Rekonstruiere das Gespräch. Trage die Nummern 1 bis 7 ein.

Nummer	Inhalt
	Der Unbekannte fordert die Linsen von Mav zurück.
	Hawk trackt nicht Mav, sondern die Linsen, die sie trägt.
	Auf der Terrasse steht der Unbekannte, der Mav bis zur S-Bahn verfolgt hat und den sie Hawk nennt.
	Der Unbekannte ist nach eigener Aussage nie in Mavs Wohnung gewesen.
	Hawk erklärt Mav, er sei der rechtmäßige Besitzer der Kontaktlinsen.
	Hawk hält einen transparenten Behälter aus Kunststoff in der Hand.
	Er behauptet, die Kontaktlinsen entwickelt zu haben, doch dann seien sie ihm gestohlen worden.

2. Mav hat drei rätselhafte Begegnungen. Wer ist hier gemeint? Lies die Aussage und beschrifte das Figurendreieck.

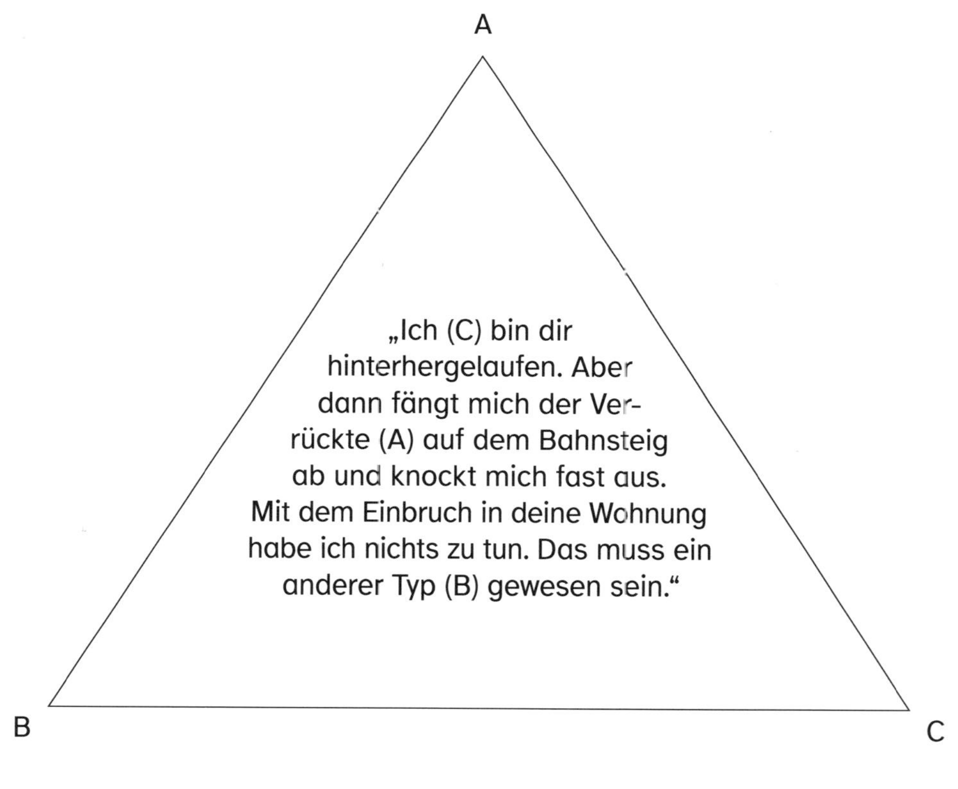

Mit anderen Augen

Mav und Ben gewähren Hawk Zutritt zur Villa. Dieser erläutert ihnen seine Sichtweise der Geschehnisse.

1. Hawk nutzt die Gelegenheit, um sich vorzustellen. Fertige einen Steckbrief an.

Beruf: ______

Zusammenarbeit mit: ______

Gemeinsames Projekt: ______

______

Arbeitsergebnis: ______

______

2. Hawk und sein Partner Kaspersky waren sich über das weitere Vorgehen uneinig.

a) Stelle den Konflikt und die entgegengesetzten Interessen der Programmierer dar.
b) Auf welches weitere Vorgehen verständigen sich die beiden?

Hawk:		Kaspersky:
______		______
______		______
→ Interesse an		→ Interesse an
______		______

Ergebnis: ______

Wenig später durchsucht jemand das gemeinsame Büro. Kaspersky verschwindet spurlos. Als man ihn tot auffindet, gehen die Ermittler von einem Raubüberfall aus.

3. Zu welchen Ergebnissen kommt Hawk nach seinen eigenen Recherchen? (S. 81)

① ______

② ______

③ ______

Die Macht der Kontaktlinsen

Hawk hat einigen Aufwand betrieben, um an Informationen zum Verbleib der Linsen zu gelangen und sicherzustellen, dass diese nicht in falsche Hände geraten (S. 82 f.).

1. Hawk hat dabei zwei wesentliche Ziele verfolgt. Stelle seine Erläuterungen in der Übersicht dar.

Ziel	Grund	Umsetzung
Zugang zu Kasperskys Safe		
Sperren fremder Profile		

2. Hawk bietet Mav schließlich ein anderes Paar Kontaktlinsen zum Tausch an (vgl. S. 84). Sie überlegt, das Angebot anzunehmen. Was spricht in Mavs Augen dafür, was dagegen? Fasse die Vor- und Nachteile eines Tauschs zusammen.

Vorteile

Nachteile

3. Hawk erklärt, wie gefährlich es wäre, wenn die Linsen in falsche Hände gerieten. Wie könnte ein Worst-Case-Szenario aussehen, wenn eine der unten aufgelisteten Gruppen in Besitz der Linsen käme? Schreibe in dein Heft.

Spione | Betrüger | korrupte Regierungsbeamte | Militär | Terroristen

Seite 86 bis 137: Gefangen in der digitalen Welt

Inhalt

Donnerstag, 18:21 Uhr (S. 86–96)
Mav schwankt, ob sie Hawks Angebot annehmen soll. Auf der Projektionsfläche im Wohnzimmer sucht Hawk in den Aufnahmen der Überwachungskamera aus Mareks Optikgeschäft nach Hinweisen. Er schlussfolgert, dass Marek den Auftrag erhalten hat, die Daten der Kontaktlinsen zu entschlüsseln. Auf den Aufnahmen betritt eine fremde männliche Person den Laden und Marek versucht, sie mit einem leeren grünen Behältnis zu beschwichtigen. Der Unbekannte erschießt Marek und klickt sich durch die Kundenkartei. Während die drei noch versuchen, das gerade Gesehene zu verstehen, wird Ben über seine Kontaktlinsen informiert, dass sich jemand Zutritt zum Haus verschafft hat. Mav, Ben und Hawk fliehen im Cabriolet von Bens Vater vor dem Eindringling. Auf der Flucht unterbindet Hawk den Versuch von Bens Vater, seinen Sohn zu erreichen. Es gelingt Hawk, den Wagen zu hacken und so die Geschwindigkeitsbeschränkung aufzuheben. Knapp entkommen sie ihrem Verfolger, dessen Auto in einem Brunnen landet.

Donnerstag, 18:51 Uhr (S. 97–101)
An einer Bushaltestelle erfährt Mav, dass sie im Zusammenhang mit Mareks Tod polizeilich gesucht wird. Im Interview ist Mavs Mitschülerin Emma zu sehen. Daher versucht Hawk, Mav erneut davon zu überzeugen, ihm die Kontaktlinsen auszuhändigen. Im Gegenzug will er alle belastenden Informationen beseitigen. Mav aber hat vor, mit dem Entwickler zusammenzuarbeiten, damit sie mit seiner Hilfe Mareks Tod aufklären kann. Um an weitere Beweise zu gelangen, plant Hawk einen Einbruch.

Donnerstag, 19:22 Uhr (S. 102–108)
Bisher hat Hawk das Sicherheitssystem von Kasperskys Wohnung nicht ausschalten können. Da sie nicht wissen, welche Fallstricke Kaspersky für unbefugte Zutritte eingebaut hat, muss Mav mit ihren Kontaktlinsen die Iris des Vermieters scannen.

Donnerstag, 19:42 Uhr (S. 109–113)
Über das Profil des Vermieters lässt sich Kasperskys Tür öffnen. Hawk ist überzeugt, dass jemand vor ihnen in der Wohnung gewesen ist und etwas Wichtiges mitgenommen hat. Die drei entdecken ein Fotoalbum mit herausgerissenen Bildern.

Donnerstag, 19:55 Uhr (S. 114–123)
Heimlich nimmt Mav das Foto von Kaspersky und Marek aus dem Album an sich. Sie suchen weiter nach Anhaltspunkten, mit wem Kaspersky sich zwei Tage zuvor getroffen hat. Im Schlafzimmer stößt Mav nicht nur auf Kasperskys Katze, sondern auch auf einen möglichen Hinweis – eine Visitenkarte, auf der eine Zahlenfolge und ein Datum stehen. Gemeinsam mit Hawk gelingt es ihr, die Informationen zu entschlüsseln: Kaspersky hat sich mit einer Person namens B. im Treptower Park getroffen. Über das Profil des Vermieters erfährt Mav, dass dieser aufgrund des Lärms in der Wohnung nach dem Rechten sehen will. Hawk, Ben und Mav verstecken sich und bleiben unentdeckt.

Donnerstag, 20:22 Uhr (S. 124–137)
Nachdem sie die Wohnung verlassen haben, wartet Bens Vater mit einem Polizisten vor dem Haus. Bens Vater ist durch den Einbruchalarm informiert worden und hat mithilfe der Polizei das Cabriolet getrackt. Hawk ist mittlerweile verschwunden und Mav und Ben müssen zu einer Befragung aufs Revier. Dort sollen sie eine Aussage zur Verwüstung des Hauses der Familie Den machen. Über die Linsen will Mav kein Wort verlieren, da sie in dieser Sache niemandem traut. Vor der Befragung entfernt sie die Kontaktlinsen auf der Toilette und tauscht sie gegen Hawks Ersatzpaar aus. Die Ermittlerin Zohra Khelifa befragt Mav im Beisein von deren Großmutter zu Mareks Tod. Mav erklärt, dass sie von einem Polizisten namens Bodo Bader verfolgt werde und ihn für den Mörder halte. Daraufhin verlässt die Polizistin den Raum und kehrt kurz darauf mit Bader zurück. Schließlich erzählt Mav von dem verschwundenen Programmierer Hawk, seiner Verbindung zu Kaspersky und seiner Suche nach den Kontaktlinsen. Die Ermittlerin fordert von Mav die Herausgabe der Linsen und diese übergibt ihr das falsche Ersatzpaar.

Unterrichtsschwerpunkte

- Grenzüberschreitungen durch digitale Technik erfahren
- Hintergründe erschließen
- Handlungsmotive und Alternativen durchdenken
- Entscheidungen abwägen
- Figurenkonstellationen untersuchen

Zu den Kopiervorlagen

Digitally wanted!
Im Zentrum der Stunde steht die digitale Suche nach Mav. Die Schüler rekonstruieren verschiedene Auskünfte und erkennen, wie unterschiedlich Informationen präsentiert und demnach zu bestimmten Zwecken eingesetzt werden können.

Lösung
Aufgabe 1:
Ein sechsunddreißigjähriger Optechnician wurde tot in seinem Geschäft aufgefunden.
Die Polizei geht von einem Raub mit Mord oder Totschlag aus.
Sollten Zeugen Verdächtiges in der Umgebung des Tatortes beobachtet haben, werden sie gebeten, sich bei der Kriminalpolizei zu melden.
In Zusammenhang mit diesem Fall sucht die Polizei nach einer sechzehnjährigen Berlinerin namens Nora-Sophie Ruiz.

Aufgabe 2:
Ich hab gleich gemerkt, dass da was nicht stimmt.
Ich wäre aber nie darauf gekommen, dass sie was mit einem Mord zu tun hat.
Ich hab ihr sogar noch ein PuC freigeschaltet und ihr quasi zur Flucht verholfen.
Ich fühl mich echt schlecht deswegen.

Ein zwiespältiges Verhältnis
Im Fokus stehen die Figuren Mav und Hawk sowie ihr Verhalten. In Aufgabe 1 analysieren Ihre Schüler das Verhältnis der beiden Figuren zueinander zum Zeitpunkt ihrer ersten gemeinsamen Flucht im Auto. Die zweite Aufgabe verdeutlicht Hawks Intentionen, die er mit seinen Äußerungen im Anschluss an diese Szene verfolgt. Die dritte Fragestellung schafft ein Bewusstsein für die Veränderung der Beziehungsstruktur von Mav und Hawk.

Lösung
Aufgabe 1:
gegensätzlich: Beide verfolgen unterschiedliche Interessen.
wechselhaft: Beide schwanken zwischen Misstrauen und Vertrauen.
angespannt: Beide stehen unter Druck. Hawk benötigt die Kontaktlinsen, Mav möchte Mareks Tod aufklären.

Aufgabe 2:

Hawks Reaktionen	Ausdruck von ...
„Du steckst deine Nase in Sachen, die dich nichts angehen." (S. 99)	Vorwurf
„Sobald ich die Linsen in Händen halte, werde ich alle Informationen, die dich belasten könnten, vernichten." (S. 99)	Versprechen
„Es ist kompliziert. Das verstehst du nicht." (S. 100)	Überheblichkeit
„Mädchen, so wie ich das sehe, habe ich bisher nichts anderes getan, als dir zu helfen." (S. 100)	Beruhigung, Rechtfertigung
„Macht euch doch nichts vor. Ihr habt ohne mich keine Chance." (S. 100)	Überzeugung, Überheblichkeit

Aufgabe 3:
a) Mav kann nicht vor Hawk davonlaufen, solange sie die Linsen hat. Außerdem benötigt sie seine Hilfe, um herauszufinden, warum Marek sterben musste.
b) Es ist besser, *mit* statt *gegen* Hawk zu arbeiten.

Mavs bühnenreifer Auftritt
Diese Kopiervorlage erfordert Kombinationsfähigkeit und logisches Denken. Darüber hinaus demonstriert sie einmal mehr die Funktionsweise der Linsen und die manipulative Energie, die von ihnen ausgeht.

Über das sinnentnehmende Lesen tragen die Schüler in der ersten Aufgabe eindeutige Aussagen in die vorgegebene Tabelle des Rätsels ein. Sie lesen die restlichen Angaben erneut und ergänzen neue Informationen. Diese ergeben sich aus ihren bisherigen Eintragungen durch geschicktes Kombinieren. Die rechts aufgeführte Vorgehensweise beim Lösen des Logicals dient den Schülern ggf. als Unterstützung bei der Bearbeitung der Aufgabe. Andere Lösungswege sind ebenfalls möglich. In Aufgabe 2 analysieren die Jugendlichen dann das Verhalten des Vermieters.

Die weiterführende Aufgabe „Der Safe vor meinen Augen" aus der Rubrik „Kreativ aktiv" (siehe S. 29) rundet die Unterrichtsstunde ab.

Lösung
Aufgabe 1:
a)

	1. Versuch	2. Versuch	3. Versuch
Mavs Vorgehensweise	klingeln	klopfen	sich nähern
Dinge aus der Küche	Korkenzieher	Salz und Zucker	Zwiebeln
Reaktion des Vermieters	knappe Antwort	stummer Blick	Stirnrunzeln

Vorgehensweise: ② – ③ – ⑤ – ⑨ – ④ – ① – ⑧ – ⑥ – ⑦

b) Lösung: Salz

Aufgabe 2:
① Der Vermieter hat bemerkt, dass sich Mavs Kontaktlinsen verfärbt haben. (vgl. S. 107)
② Der Vermieter hat Mav aus den Nachrichten wiedererkannt. (vgl. S. 107)

KV Seite 33

Eine Befragung voller Überraschungen
Das Arbeitsblatt thematisiert den Verlauf der Befragung auf dem Polizeirevier. Das Verhör hält einige überraschende Informationen für Mav, aber auch für die Kommissarin bereit. Die erste Aufgabe legt den Fokus auf die Aussagen der Beamtin. In einem nächsten Schritt analysieren die Schüler exemplarisch zwei ausgewählte Charakterzüge von Zohra Khelifa, die sich anhand ihrer Reaktion während der Befragung zeigen. In der dritten Aufgabe beschreiben die Schüler den Überraschungseffekt, der von Mavs Äußerung gegenüber der Ermittlerin ausgeht, und hinterfragen die Absicht, die hinter der Aussage steckt.

Lösung
Aufgabe 1:
Thema (S. 127): Es geht nicht um den Einbruch bei den Dens, sondern um den Mord an Marek.
Zusammenarbeit (S. 131): Die Kommissarin und Bader sind Kollegen.
Tatzeitpunkt (S. 134): Bader hat für den Zeitpunkt des Überfalls im Haus der Dens ein Alibi.
Aufforderung (S. 136): Die Kommissarin erwartet die Herausgabe der Kontaktlinsen.

Aufgabe 2:
skeptisch (S. 130): Die Kommissarin ist nicht sicher, ob Mav sie hinters Licht führen will.
verärgert (S. 131 f.): Die Kommissarin ist wütend, da Mav schlecht über ihren Kollegen Bodo Bader spricht.

Aufgabe 3:
a) „Bewahren Sie die Linsen an einem sicheren Ort auf und sagen Sie niemandem, wo sie sich befinden.“
b) Mav will keinen Verdacht aufkommen lassen, dass es sich bei den ausgehändigten Linsen um die falschen handeln könnte. Außerdem vermittelt sie der Kommissarin so, dass die echten Linsen gefährlich sind.

Kreativ aktiv

Der Safe vor meinen Augen
Bei dieser Visualisierungsaufgabe verbildlichen die Schüler den Safe des Vermieters. Basis für die kreative Gestaltung sind Mavs Beschreibungen im Buch (vgl. S. 108).

Arbeitsauftrag:
Gestalte anhand von Mavs Beschreibungen im Roman das Interface des Vermieter-Safes.

Namen sind kein Schall und Rauch
Die Jugendlichen überlegen sich zunächst, welche Bedeutung ihr eigener Name hat. In einem weiteren Schritt arbeiten sie heraus, welchen Stellenwert der Spitzname Mav für die Protagonistin Nora-Sophie hat (vgl. S. 115 f.).

Arbeitsauftrag:
Schreibe eine Herleitung des Namens Mav für ein Namensregister.

Lösungsvorschlag:
Der Name Mav stammt aus dem Film *Hawk & Fox*, der in einer alternativen Realität ohne Reboot spielt, und ist der Vorname einer Filmheldin. Mav lehnt sich gegen Technologiekonzerne auf, die die Macht übernommen und die westliche Demokratie zu Fall gebracht haben.

Digitally wanted!

Jemand verschafft sich Zutritt zur Villa der Dens. Hawk, Ben und Mav können mit dem Cabriolet von Bens Vater entkommen. An der Call-Wall einer Bushaltestelle traut Mav ihren Augen nicht.

1. Rekonstruiere den Bericht der Nachrichtensprecherin, indem du die vorgegebenen Satzanfänge in deinem Heft vervollständigst. Lies dafür Seite 97 und 98.

Ein sechsunddreißigjähriger Optechnician ...

Die Polizei ...

Sollten Zeugen Verdächtiges in der Umgebung des Tatortes beobachtet haben, ...

In Zusammenhang mit diesem Fall ...

2. Auch Emma kommt zu Wort, die als „Mitschülerin" und „Zeugin" Mav zuletzt lebend gesehen hat. Mit welchen Aussagen äußert sie sich zu Mavs Verschwinden?

Ich ______________________________

______________________________.

Ich ______________________________

______________________________.

Ich ______________________________

______________________________.

Ich ______________________________

______________________________.

Ein zwiespältiges Verhältnis

Mav und Hawk haben eine Gemeinsamkeit: Sie haben ein zwiespältiges Verhältnis zu anderen Menschen und Dingen.

1. Die Beziehung zwischen Mav und Hawk ist problematisch. Verbinde die Adjektive mit der jeweils passenden Erklärung.

gegensätzlich •		• Beide stehen unter Druck. Hawk benötigt die Kontaktlinsen, Mav möchte Mareks Tod aufklären.
wechselhaft •		• Beide verfolgen unterschiedliche Interessen.
angespannt •		• Beide schwanken zwischen Misstrauen und Vertrauen.

2. Was drückt Hawk mit seinen Äußerungen aus? Trage passende Begriffe in die Tabelle ein. Du kannst auch die Vorschläge aus dem Wortspeicher übernehmen.

Überheblichkeit Versprechen Beruhigung Vorwurf Überzeugung Rechtfertigung

Hawks Reaktionen	Ausdruck von ...
„Du steckst deine Nase in Sachen, die dich nichts angehen.“ (S. 99)	
„Sobald ich die Linsen in Händen halte, werde ich alle Informationen, die dich belasten könnten, vernichten.“ (S. 99)	
„Es ist kompliziert. Das verstehst du nicht.“ (S. 100)	
„Mädchen, so wie ich das sehe, habe ich bisher nichts anderes getan, als dir zu helfen.“ (S. 100)	
„Macht euch doch nichts vor. Ihr habt ohne mich keine Chance.“ (S. 100)	

3. Erkläre mithilfe des Textes auf Seite 101, wie sich das Verhältnis zwischen Mav und Hawk verändert. Schreibe in dein Heft.

a) Zu welcher Erkenntnis gelangt Mav, nachdem klar ist, dass sie nicht zur Polizei gehen kann?
b) Welche Konsequenz zieht Mav in Bezug auf Hawk aus dieser Erkenntnis?

Mavs bühnenreifer Auftritt

Mav soll durch einen theatralischen Auftritt an das Profil des Vermieters gelangen (vgl. S. 105 ff.), damit Hawk, Ben und sie sich über dessen Safe Zugang zu Kasperskys Wohnung verschaffen und sich dort umsehen können.

1. Der Vermieter macht es Mav nicht leicht. Sie benötigt mehrere Versuche, bis sie seine Iris scannen kann.

a) Löse das Logical, indem du die Informationen richtig kombinierst und stichpunktartig in die Tabelle einträgst.

	1. Versuch	2. Versuch	3. Versuch
Mavs Vorgehensweise			
Dinge aus der Küche			
Reaktion des Vermieters			

① Mav klingelt nicht beim zweiten Mal.
② Beim dritten Versuch nähert sich Mav dem Vermieter.
③ Mav fragt als Erstes nach dem Korkenzieher.
④ Vor dem Klopfen hat Mav es mit Klingeln versucht.
⑤ Zum Schluss fragt Mav nach Zwiebeln, nachdem sie zuvor unter anderem nach Zucker gefragt hat.
⑥ Auf die knappe Antwort folgt ein stummer Blick des Vermieters.
⑦ Es ist nicht das Salz, nach dem Mav als Letztes fragt.
⑧ Mav klingelt und erhält eine knappe Antwort.
⑨ Versuch 3 führt dazu, dass der Vermieter seine Stirn in Falten legt.

b) Was erhält Mav schließlich aus der Küche?

Lösung: ____________

2. Mav hat Kasperskys Vermieter ausreichend lang in die Augen geblickt, der Scan hat funktioniert. Der Vermieter ist jedoch misstrauisch. Nenne zwei mögliche Gründe.

① ______________________________

____

____

② ______________________________

____

____

Eine Befragung voller Überraschungen

Bens Vater hat von dem Einbruch in sein Haus erfahren und mithilfe der Polizei seinen Sohn und Mav vor Kasperskys Haus aufgespürt. Wenig später sitzt Mav auf dem Polizeirevier.

1. Notiere mithilfe der Schlagworte vier Überraschungen, die Mav während der Befragung erlebt.

Thema (S. 127)	Zusammenarbeit (S. 131)	Tatzeitpunkt (S. 134)	Aufforderung (S. 136)

2. Die Befragung läuft auch für die Kommissarin nicht wie erwartet. Belege ihre zwei wesentlichen Gefühlsregungen mit passenden Textstellen aus dem Roman.

skeptisch (S. 130): ______

verärgert (S. 131 f.): ______

3. Am Ende des Verhörs macht auch Mav eine für die Kommissarin überraschende Bemerkung (S. 137).

a) Notiere Mavs Aufforderung, nachdem sie die Kontaktlinsen übergeben hat.

b) Wieso richtet Mav diese Bitte an die Kommissarin, obwohl sie ihr ohnehin die falschen Kontaktlinsen überreicht hat? Erkläre.

Seite 138 bis 181: Digitale Macht

Inhalt

Donnerstag, 22:19 Uhr (S. 138–141)
Angesichts der Vorkommnisse planen Mavs Eltern, nach Berlin zu kommen. Trotz der Sehnsucht nach ihnen kann Mav sich eine Begegnung schwer vorstellen. Immerhin hat sie sich in Berlin ohne sie ein eigenes Leben aufgebaut. Nach der Befragung geht Mav mit Ben nach Hause. Dort kommen sich die beiden näher und küssen sich.

Donnerstag, 22:45 Uhr (S. 142–146)
Mav gesteht Ben, dass sie der Ermittlerin Hawks Ersatzlinsen übergeben hat. Ben kritisiert Mavs Vorgehensweise und ihr fehlendes Vertrauen in die Polizei. Er unterstellt ihr, dass sie aufgrund ihrer Erfahrung mit ihren Eltern Probleme hat, anderen zu vertrauen und einen Kontrollverlust fürchtet. Ben nimmt die Kontaktlinsen und droht, diese in die Toilette zu werfen. Doch Mav kann ihn überreden, ihr das Paar zurückzugeben.

Donnerstag, 23:41 Uhr (S. 147–150)
Mav benötigt einen Hinweis, um mit ihren Recherchen weiterzukommen. Ihr fällt der zerbrochene Kontaktlinsenbehälter auf einem der Tatortfotos ein, die ihr Zohra Khelifa gezeigt hat. Sie erinnert sich an das Logo auf der Visitenkarte in Kasperskys Wohnung und erkennt, dass es mit der Abbildung auf dem Linsenbehälter identisch ist. Im Internet recherchiert Mav, dass es sich um das Logo der Firma MedSol AG handelt, dem weltweit führenden Hersteller neuartiger Kontaktlinsen.

Donnerstag, 23:50 Uhr (S. 151–155)
Mav will dem Hinweis auf die Medsol AG nachgehen. Das Haus der Dens ist jedoch an allen Ausgängen mit einem Irisscanner gesichert. Um es verlassen zu können, beschließt Mav, die Iris von Bens Vater zu kopieren, der noch wach ist und an seinem Schreibtisch arbeitet. Es gelingt ihr, Herrn Den in ein Gespräch zu verwickeln und sich Zugang zu seinem Profil zu verschaffen.

Freitag, 00:10 Uhr (S. 156–158)
Mav fährt unter Herrn Dens Identität in einem PuC durch das nächtliche Berlin. Ein Lied aus der Playlist erinnert Mav an einen Streit zwischen ihrer Großmutter und ihrer Mutter, in dem die Großmutter die Auswanderungspläne ihrer Tochter und die Entscheidung, Mav in Berlin zurückzulassen, kritisiert.

Freitag, 00:58 Uhr (S. 159–163)
Mav erreicht das Firmengelände der MedSol AG und kopiert die Iris des Wachmanns, um über sein Profil Zugang zum Gebäude zu erlangen. Als sie den Scanner am Eingang aktivieren will, steht Ben hinter ihr. Er möchte sie von ihrem Plan abhalten. Nach einer hitzigen Diskussion betritt Mav schließlich allein das Gebäude.

Freitag, 01:22 Uhr (S. 164–172)
Über einen virtuellen Lageplan lässt Mav sich zu den Laboren navigieren, die sie allerdings nicht betreten kann. Ein Mann taucht im Nebengang auf, entdeckt sie jedoch nicht. Er telefoniert mit jemandem im Gebäude und Mav folgt ihm bis in den obersten Stock. Dort belauscht sie ein Gespräch zwischen der Vorstandsvorsitzenden Wanda Maxim und Hawk. Er verspricht, die Kontaktlinsen zurückzubringen, und Mav erkennt seine Verstrickungen mit der MedSol AG. Hawk entdeckt Mav, verrät sie aber nicht, sondern verlässt mit ihr das Gebäude. Dabei verfolgt sie der Mann aus dem Labortrakt.

Freitag, 01:55 Uhr (S. 173–181)
Mav und Hawk stürzen aus dem Gebäude und entdecken draußen Ben, der in einem PuC wartet. Die drei fahren davon, werden jedoch weiterhin verfolgt. Hawk gesteht, dass er nur vorgibt, mit dem Unternehmen zusammenzuarbeiten. Mav kritisiert, dass Hawk die Kontaktlinsen getrackt hat, weshalb der Verfolger weiß, wo sie sich befindet. Als Mav die Polizei rufen will, deaktiviert Hawk Mavs und wenig später auch Bens Kontaktlinsen. Ihr Verfolger gibt Schüsse auf ihr Fahrzeug ab, dann fällt er zurück. Ihr PuC ist durch die Einschüsse stark beschädigt und landet mit einem Totalausfall auf einem Paintballgelände. In der Ferne entdecken sie den Unbekannten. Mit der Paintballausrüstung fliehen Hawk, Mav und Ben auf das Gelände.

Unterrichtsschwerpunkte

- Manipulationstechniken kennenlernen
- Täuschungsabsichten erkennen
- Handlungsmotive der Figuren verstehen

Zu den Kopiervorlagen

Ein geheimnisvoller Anhaltspunkt
Alle Aufgaben auf diesem Arbeitsblatt fördern das Symbolverständnis. In Aufgabe 1 gelingt dies durch die Rekapitulation der Ereignisse. In den folgenden Arbeitsaufträgen steht der Transfer im Mittelpunkt. Die Schüler visualisieren eine Beschreibung, um im Anschluss Mavs Rechercheergebnisse zusammenzufassen.

Lösung

Aufgabe 1:

Am Tatort: Ich erinnere mich an einen zerbrochenen, grünen Kontaktlinsenbehälter. Auf das Plastik war ein kreisförmiges Logo gedruckt, bestehend aus dem Buchstaben „M“ in einem Kreis.

In Kasperskys Wohnung: Ich habe unter Kasperskys Bett ein Kärtchen entdeckt, auf dem dasselbe Logo zu sehen war.

Aufgabe 2:

individuelle Lösung

Aufgabe 3:

Das Logo gehört zur Firma MedSol AG. Das Unternehmen ist weltweit führend in der Herstellung und Entwicklung neuartiger Kontaktlinsen.

KV Seite 38

Digitale und analoge Profile

Die Kopiervorlage thematisiert den Begriff „Profil“, den die Schüler in seiner Mehrdeutigkeit erfassen. Sie arbeiten zunächst die Umstände sowie Mavs unterschiedliche Vorgehensweisen heraus, ein fremdes „Nutzerprofil“ zu übernehmen. Anschließend analysieren sie die „Persönlichkeitsprofile“ von Mav und Ben anhand eines Streitgesprächs. Der zweite Arbeitsauftrag fördert die Fähigkeit zur Charakterisierung sowie das sprachliche Bewusstsein und erweitert den Wortschatz der Schüler. Diese Aufgabenstellung kann entweder im Plenum diskutiert oder von den Schülern schriftlich beantwortet werden.

Sprechen Sie zum Schluss noch einmal über die unterschiedlichen Bedeutungen von „Profil“. Wo sehen die Jugendlichen Zusammenhänge zwischen einem „Nutzerprofil“ und einem „Persönlichkeitsprofil“? Weisen Sie sie darauf hin, dass im Buch der Übergang fließend ist. Das „Nutzerprofil“ beinhaltet nicht nur Zahlen und Fakten, sondern verrät auch viel über das Leben und die Charakterzüge der Person.

Mithilfe der Aufgabenstellung „Was ist deine Identität?“ aus der Rubrik „Kreativ aktiv“ (siehe S. 36) intensivieren die Schüler die Beschäftigung mit der Protagonistin und deren Persönlichkeit.

Lösung

Aufgabe 1:

	Profil 1	Profil 2
Besitzer	Herr Den	Wachmann der MedSol AG
Zweck der Profilübernahme	① Verlassen des gesicherten Hauses (S. 151) ② anonyme Fahrt durch Berlin ohne Rückverfolgung (S. 151)	Zugang zum Gebäude der MedSol AG (S. 159)
Mavs Tricks	Verwicklung in ein emotionales Gespräch (S. 152 ff.)	① Frage nach dem Weg zum Fernsehturm (S. 159) ② Suche nach einer Wimper im Auge, um sich dem Gesicht zu nähern (S. 159 f.)

Aufgabe 2:

a) Bens Sicht: Mav will allen beweisen, dass es die richtige Entscheidung gewesen ist, in Berlin zu bleiben. Sie will sich nicht eingestehen, auf die Hilfe anderer angewiesen zu sein, und trifft aus Trotz auch falsche Entscheidungen, die gefährlich sein können.

b) Mavs Reaktion: Sie weist Bens Kritik, dass ihr Handeln etwas mit der Beziehung zu ihren Eltern zu tun habe, verärgert zurück. Ihre einzige Motivation sei es, den Mord an Marek aufzuklären.

c) Ben: ängstlich, fürsorglich, vernünftig
→ Ben will Mav davon abhalten, dass sie sich in Gefahr begibt, wenn sie das Gebäude betritt.
Mav: mutig, entschlossen, eigenwillig
→ Mav möchte das Gebäude betreten, weil sie sich weitere Hinweise erhofft. Mögliche Gefahren oder die Sorge von Ben halten sie nicht ab.

Im Auftrag der Firma?

Auf diesem Arbeitsblatt untersuchen die Jugendlichen, wie die Romanfiguren und deren Handlungen miteinander verbunden sind, und kommen so – genau wie die Protagonistin – der Aufklärung der Verbrechen einen Schritt näher. Die Schüler trainieren das sinnerfassende Lesen und erkennen Zusammenhänge. Außerdem führen sie eine vertiefende Analyse auf der Bedeutungsebene durch, in der sie sich mit Hawks wechselhaftem Verhalten auseinandersetzen.

Lösung
Aufgabe 1:
① Hawk hat Kaspersky für das Unternehmen angeworben.
② Kaspersky und Hawk sollten für die MedSol AG Kontaktlinsen entwickeln.
③ Hawk soll die Kontaktlinsen an Wanda Maxim aushändigen.
④ Für den Auftrag hat die MedSol AG die Ausrüstung bereitgestellt.
⑤ Die Firma bezahlt Hawk für die Übergabe der Kontaktlinsen und die geleistete Entwicklungsarbeit.
⑥ Kaspersky hat das Projekt an Dritte verkauft.

Aufgabe 2:
Hawk arbeitet zwar für die MedSol AG, erkennt aber, dass diese skrupellos handelt. Er steht vordergründig auf der Seite der Firma, denn er weiß, was geschieht, wenn man sich gegen sie stellt. Er rettet sich und Mav das Leben, indem er Mav überzeugt, das Firmengelände gemeinsam mit ihm zu verlassen.

Wer täuscht hier eigentlich wen?
Für diese Kopiervorlage bilden die Seiten 168 bis 178 die Basis. Im Fokus steht die Beschäftigung mit dem Begriff der „Täuschung". Aufgabe 1 beleuchtet Hawks manipulatives Handeln, das allerdings ihn selbst sowie Mav und Ben schützt. Im zweiten Arbeitsauftrag beurteilen die Schüler die Vorzüge, die für Hawk aus seinem Verhalten resultieren. Die letzte Fragestellung ermöglicht eine Umkehr der Perspektive. Nicht nur täuscht Hawk selbst, er wurde und wird auch getäuscht.

Schließen Sie nach Aufgabe 3 den Gesprächsanlass „Keiner ruft die Polizei" (siehe rechte Spalte) an.

Lösung
Aufgabe 1:
MedSol AG (S. 169 f./S. 174): Hawk täuscht nur noch vor, mit der Firma zusammenzuarbeiten, seit er weiß, dass es ihr um den Profit geht.
Mav (S. 171 ff./S. 175): Hawk hilft Mav bei der Flucht, deaktiviert dann aber ihre Kontaktlinsen, damit sie keine Hilfe rufen kann.
Ben (S. 176): Statt das Auto zu hacken, damit sie ihrem Verfolger entkommen, deaktiviert Hawk auch Bens Kontaktlinsen.

Aufgabe 2:
Verschweigen seines Namens → Niemand kann etwas über seine Person, Identität oder Herkunft herausfinden.
Verschweigen seiner Pläne → Niemand weiß, was er wirklich mit den Kontaktlinsen vorhat.
Hacken fremder Daten → Er ist anonym unterwegs und seinen Verfolgern einen Schritt voraus. Dadurch kann ihm niemand schaden.

Aufgabe 3:
① Die MedSol AG vermittelt das Bild eines seriösen Unternehmens, arbeitet allerdings mit illegalen Mitteln („Kopfgeldjäger").
② Hawk glaubte an die „Datensicherheit" als Firmenabsicht, tatsächlich hat das Unternehmen jedoch finanzielle Interessen.

Gesprächsanlass

„Keiner ruft die Polizei"
Visualisieren Sie den Titel dieses Gesprächsanlasses als stummen Impuls. Zunächst stellen die Schüler fest, dass die Polizisten Gefahren abwehren und Straftaten verfolgen. Die Romanfigur Hawk scheint daran zu zweifeln. Auf Mavs Überlegung, die Notruffunktion zu wählen, reagiert er mit der Aussage: „Keiner ruft die Polizei." (S. 175)

Arbeitsauftrag:
Warum reagiert Hawk so harsch, als Mav überlegt, die Notruffunktion zu aktivieren? Nenne mögliche Gründe.

Lösungsvorschlag:
- Hawk weiß, dass er gesetzeswidrig gehandelt hat.
- Er würde den Mordverdacht aufgrund seiner ständigen Flucht auf sich lenken.
- Mav und Ben könnten der Polizei Informationen liefern, die er im Gespräch mit ihnen geäußert hat.
- Hawk glaubt an ein „Leck" innerhalb der Polizei.

Kreativ aktiv

Was ist deine Identität?
Mav nutzt zwei Profile, um ihre Identität zu verbergen. Sie möchte nicht an den Informationen erkannt werden, die sie einmalig und unverwechselbar machen.

Arbeitsauftrag:
Erstellt eine Collage mit Begriffen, Fotos, Zeichnungen, Sprichwörtern etc., um Mavs Identität zu beschreiben.

Ein geheimnisvoller Anhaltspunkt

Mav erkennt, dass ihre Überlegungen sie nicht weiterbringen. Sie benötigt einen Hinweis, der ihr die richtige Richtung weist.

1. Mav vergegenwärtigt sich die Ereignisse des Tages (S. 149). Fasse ihre Erinnerungen in den Gedankenblasen zusammen.

2. Auf einem Teppich versucht Mav das Logo nachzuzeichnen (S. 149). Wie könnte das Motiv aussehen? Gestalte es anhand der Beschreibungen im Roman.

3. Bei ihrer Recherche wird Mav fündig. Notiere ihre Erkenntnisse.

Digitale und analoge Profile

Mav hat das geheimnisvolle Logo entschlüsselt und will dem neuen Hinweis sofort nachgehen. Ohne Zugang zu ihrem Profil ist dies jedoch ein schwieriges Vorhaben.

1. Analysiere Mavs Aktionen und trage die Ergebnisse in der Übersicht ein.

a) Wessen Profile übernimmt Mav, um zur MedSol AG zu gelangen?
b) Welche Zwecke verfolgt sie mit der Übernahme des jeweiligen Profils?
c) Wie manipuliert Mav die Profilbesitzer?

	Profil 1	Profil 2
Besitzer		
Zweck der Profilübernahme	① ______ ______ ② ______ ______	______ ______ ______ ______
Mavs Tricks	______ ______ ______ ______	① ______ ______ ② ______ ______

Als Ben plötzlich auftaucht und Mav zurückhalten will, geraten die beiden in Streit (S. 161ff.).

2. Die Auseinandersetzung verdeutlicht die unterschiedlichen Persönlichkeitsprofile der beiden.

a) Lies die Aussage von Ben. Was meint er damit? Erkläre.
b) Was erwidert Mav auf seinen Vorwurf? Beschreibe ihre Reaktion.
c) Welche Charakterzüge offenbaren Ben und Mav im Streitgespräch? Nenne drei Eigenschaften und begründe.

Du willst es wirklich allen beweisen, oder? Dass du es allein schaffen kannst. Du willst allen zeigen, dass es kein Fehler war, hierzubleiben und die ganze Verantwortung zu übernehmen. Anstatt nach Kanada zu gehen und ...

Im Auftrag der Firma?

Mav belauscht im Gebäude der MedSol AG ein Gespräch zwischen Hawk und Wanda Maxim. Dabei zeigt sich: Das Handeln der Beteiligten scheint eng miteinander verknüpft zu sein.

1. Lies die Seiten 168 bis 170. Notiere mithilfe des Informationsnetzes auf den Zeilen darunter, welche Aufgaben die Beteiligten innerhalb der Geschäftsbeziehung haben bzw. hatten.

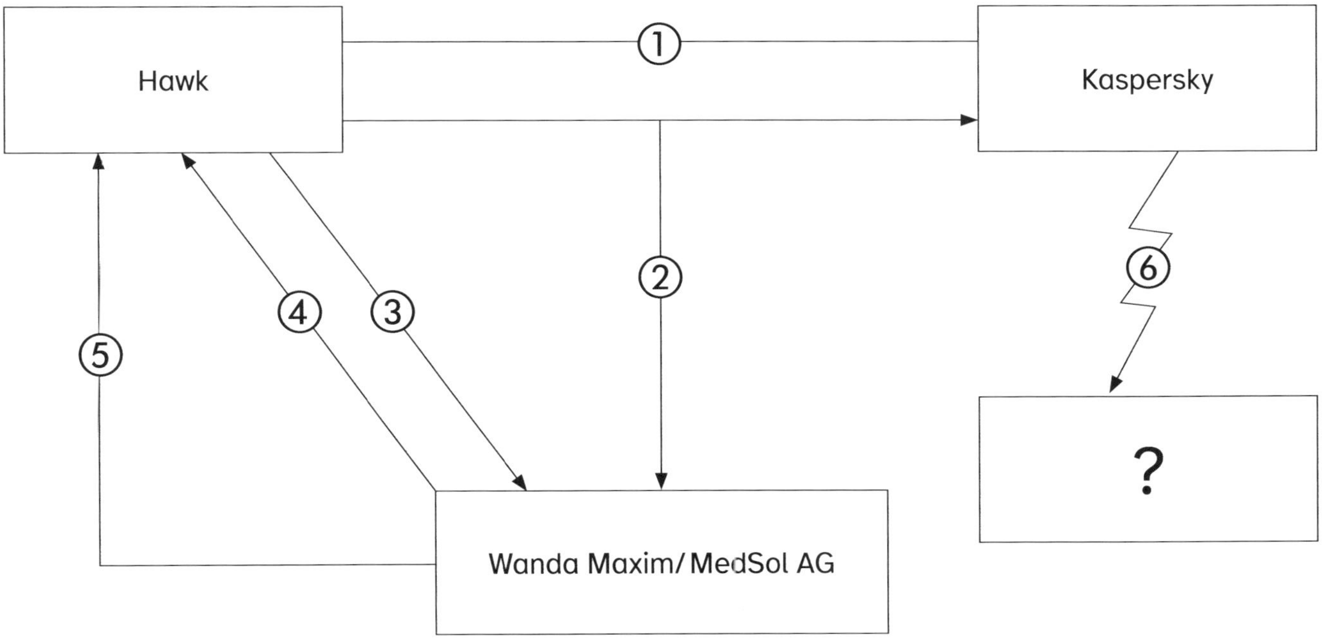

Hawk

①

Kaspersky

②

④ ③

⑤

⑥

?

Wanda Maxim/MedSol AG

① ______________________________

____

② ______________________________

____

③ ______________________________

____

④ ______________________________

____

⑤ ______________________________

____

⑥ ______________________________

2. Hawk entdeckt Mav vor dem Büro, verrät sie aber nicht. Stattdessen flieht er gemeinsam mit ihr aus dem Gebäude (vgl. S. 170 ff.). Erkläre diesen Widerspruch.

Wer täuscht hier eigentlich wen?

Hawk und Mav können vor dem Sicherheitsmann der MedSol AG fliehen. Gut, dass Ben in einem PuC wartet. Leider stellen Mav und Ben erneut fest: Hawk ist kein verlässlicher Partner.

1. Erkläre, wie Hawk gegen die MedSol AG, Mav und Ben arbeitet.

MedSol AG: ____________________

Mav: ____________________

Ben: ____________________

2. Ergänze drei Vorteile für Hawk, die sich aus seinem Verhalten ergeben.

Verschweigen seines Namens → ____________________

Verschweigen seiner Pläne → ____________________

Hacken fremder Daten → ____________________

3. Hawk hat andere nahezu perfekt getäuscht. Inwiefern ist auch er „Opfer“ einer Täuschung durch die MedSol AG geworden? Zähle auf und erkläre.

① ____________________

② ____________________

Seite 182 bis 206: Die Wahrheit kommt endlich ans Licht

Inhalt

Freitag, 02:10 Uhr (S. 182–189)
Hawk, Mav und Ben versuchen dem Verfolger zu entkommen. Mit den Farbpatronen können die drei ihren Angreifer zunächst außer Gefecht setzen. Sie fliehen in den nahen Wald, wo Hawk Mav dazu zwingt, ihm die Kontaktlinsen auszuhändigen. Nachdem er mit den Linsen verschwunden ist, hört Mav einen Knall und dann einen Schrei. Ben ist von ihrem Verfolger angeschossen worden. Als Mav zu ihrem Freund eilen will, überrascht der Angreifer sie. Ein Schlag von Bader lässt den Schützen jedoch leblos zu Boden sinken.

Freitag, 02:35 Uhr (S. 190–197)
Bader fordert die Kontaktlinsen zurück, die allerdings nicht mehr in Mavs Besitz sind. Der Kriminalkommissar erklärt Mav, dass der niedergeschlagene Unbekannte ihr Verfolger und Mareks Mörder sei. Der Programmierer und Kaspersky hätten der MedSol AG ihre Ergebnisse nicht abgeliefert. Kaspersky habe den Code an Bane verkaufen wollen, dann aber moralische Bedenken bekommen und sich an seinen alten Freund Bader gewandt. Mav erkennt, dass der Kommissar Kaspersky umgebracht hat, um an die Linsen zu gelangen. Bader erzählt weiter, dass er die Kontaktlinsen zu Marek gebracht habe, weil dieser sie freischalten sollte. Bei der Abholung habe er Marek tot aufgefunden und die Linsen seien weg gewesen. Nach seinem Geständnis will der Polizist Mav töten, doch in diesem Moment taucht Ben auf und schlägt ihn nieder. Mit der Waffe des Sicherheitsmannes schießt Bader Mav an. Zohra Khelifa erscheint mit Verstärkung im Wald und es kommt zum Schusswechsel zwischen ihr und Bader. Der Kommissar bricht zusammen. Mav geht zu ihm und erkennt, dass er tot ist.

Freitag, 06:20 Uhr (S. 198–204)
Zohra Khelifa, Mav und Ben werden ins Krankenhaus gebracht. Mav lässt die Ereignisse des letzten Tages Revue passieren und muss sich – und Ben – eingestehen: Sie hätte auf andere vertrauen sollen, statt allen blind zu misstrauen. Sie denkt an Hawk und hofft, dass er sein Wissen und seine Programmierfähigkeiten zukünftig dafür nutzt, die digitale Welt sicherer zu gestalten. Hawk hat Mavs Safe wieder freigeschaltet und ihr das Video aus Mareks Laden geschickt. Darauf ist nicht nur der Mord zu sehen, sondern auch Bader, wie er einige Minuten danach das Geschäft betritt und Mavs Profil auf dem Tresen entdeckt. Doch Mav will sich nicht weiter mit der Vergangenheit beschäftigen.

Epilog (S. 205/206)
Als Mav am Morgen im Krankenhaus aufwacht, ist ihre Mutter bei ihr. Sie entschuldigt sich, dass sie nicht früher gekommen sei. Beide gestehen, dass sie einander vermisst haben.

Unterrichtsschwerpunkte

- Abfolgen und Vorgänge rekonstruieren
- Hintergründe erschließen
- Konflikte erkennen und analysieren

Zu den Kopiervorlagen

Showdown in der Paintballarena
Diese Kopiervorlage leitet die Auflösung der Geschichte ein. Zunächst beschreiben die Jugendlichen den Handlungsort und erhalten einen ersten Hinweis auf die Widersprüchlichkeit dieses Schauplatzes, an dem aus einem harmlosen Paintballspiel ein Kampf um Leben und Tod wird.

Die Szene in der Paintballarena und die darauffolgende Jagd durch den Wald bilden den Höhepunkt des Romans. In einer zweiten Aufgabe untersuchen die Schüler den Handlungsverlauf der Seiten 184 bis 197 mithilfe einer Erzählkurve. Dabei trainieren sie das sinnerfassende Lesen und verbinden formale und inhaltliche Gesichtspunkte miteinander. Der Gesprächsanlass „Got ya!" (siehe S. 42) rundet die Unterrichtsstunde ab.

Lösung
Aufgabe 1:
Zwei oder mehr Spieler bilden Teams und schießen mit Farbkugeln aufeinander. Ein Markierer dient als Waffe. Der Spielparcours ist ein labyrinthartiges und umzäuntes Gebiet im Wald.

Aufgabe 2:
Formaler Handlungsverlauf:
③ Höhepunkt
⑥ Schluss
④ Verzögerung
⑤ Wendepunkt
② steigende Handlung
① Beginn

Inhaltlicher Handlungsverlauf:

③	Der Sicherheitsmann der MedSol AG schießt auf Ben und bedroht auch Mav. Bader schlägt ihn nieder und fordert dann von Mav die Kontaktlinsen.
②	Hawk versetzt Mav einen heftigen Schlag und droht ihr. Widerwillig händigt sie ihm die Linsen aus und Hawk verschwindet in der Nacht.
⑥	Bader bricht zusammen und stirbt.
①	Mav, Ben und Hawk treffen den Angreifer mit Farbpatronen und fliehen in den Wald. In der Dunkelheit sind sie vollkommen schutzlos.
⑤	Bevor Ben und Mav fliehen können, holt der Kommissar sie ein und schießt Mav in den Oberarm. Kommissarin Khelifa erscheint und es kommt zum Schusswechsel zwischen ihr und Bader, bei dem beide getroffen werden.
④	Ben taucht auf und versetzt Bader einen Schlag.

KV Seite 44

Die Abrechnung

Auf dem Arbeitsblatt übertragen die Jugendlichen zunächst ihre Erkenntnisse aus dem Gespräch zwischen Bader und Mav in eine bildliche Darstellung, um das konfliktgeladene Beziehungsgeflecht zu verdeutlichen. Aufgabe 2 unterstreicht dann die Auflösung des Falls. Im letzten Arbeitsauftrag steht noch einmal die Beziehung zwischen Mav und Hawk im Fokus. Die Schüler bringen Mavs Gedanken zu dem undurchsichtigen Programmierer in eine schriftliche Form.

Lösung

Aufgabe 1:

Sicherheitsmann der Firma MedSol AG → Mav
Nachdem Mav in den Besitz der Linsen gelangt ist, ist der Sicherheitsmann bei ihr eingebrochen und hat sie im Haus der Familie Den angegriffen.

Sicherheitsmann der Firma MedSol AG → Marek
Der Sicherheitsmann hat Marek umgebracht, um an die Kontaktlinsen zu gelangen.

Kaspersky → Vorstand der Firma MedSol AG
Kaspersky hat die Kontaktlinsen nicht an die MedSol AG geliefert und damit die Vereinbarung gebrochen.

Bader → Kaspersky
Bader hat Kasperskys Bitte um Hilfe abgelehnt und ihn ermordet, um selbst an die Linsen – und damit an Macht, Geld und Einfluss – zu kommen.

Bader → Mav
Bader glaubt, Mav sei noch im Besitz der Kontaktlinsen, und fordert sie von ihr ein. Dabei schreckt er auch vor Gewalt nicht zurück und bedroht sie mit der Pistole.

Aufgabe 2:

Auf dem Video ist der Mord an Marek zu sehen. Bader kommt wenige Minuten später in das Geschäft und findet den Optechnician tot auf. Er hat demnach nicht gelogen, als er sagte, er sei nicht Mareks Mörder.

Aufgabe 3:

Hallo Hawk,
ich bewundere deine Programmierfähigkeiten sehr und wünsche mir, dass du sie für gute Zwecke einsetzt. Hoffentlich nutzt du dein Wissen zukünftig, um unsere digitale Welt sicherer zu machen.
Alles Gute
Mav

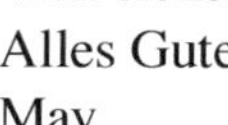

Gesprächsanlass

„Got ya!"

Die Schüler entschlüsseln die Bedeutungsebene der englischen Aussage „Got ya!" (auch „Gotcha"), indem sie die Übersetzung auf die Figuren und den Romankontext übertragen.

Arbeitsauftrag:
Recherchiere die möglichen Bedeutungen des Schriftzuges „Got ya", den Mav entdeckt. In welcher Situation im Roman kann dieser Ausdruck angewendet werden?

Lösungsvorschläge:

- „Diesmal hat er (Hawk; Bader; der Sicherheitsmann) dich erwischt, Mav."
- „Ich hab/halte dich", sagt Mav, als sie Ben am Boden liegend findet und im Arm hält.

Showdown in der Paintballarena

Die Flucht endet für Hawk, Mav und Ben auf einem abgelegenen Gelände. Ben möchte auf die Polizei warten. Da entdecken sie in der Ferne den Verfolger, der sich mit der Waffe in der Hand nähert.

1. Die drei befinden sich in einer alten Paintballarena (vgl. S. 179 ff.). Beschreibe die Freizeitaktivität „Paintball“ mit wenigen Sätzen.

____

____

____

2. Der Aufenthalt der Romanfiguren auf dem Paintballgelände und im Wald lässt sich in Form eines dramatischen Modells darstellen. Verdeutliche den Showdown formal und inhaltlich anhand der Erzählkurve. Ordne jeweils die Ziffern 1 bis 6 zu (S. 184 bis 197).

Formaler Handlungsverlauf:

◯ Höhepunkt

◯ Schluss

◯ Verzögerung

◯ Wendepunkt

◯ steigende Handlung

◯ Beginn

① ② ③ ④ ⑤ ⑥

Inhaltlicher Handlungsverlauf:

	Der Sicherheitsmann der MedSol AG schießt auf Ben und bedroht auch Mav. Bader schlägt ihn nieder und fordert dann von Mav die Kontaktlinsen.
	Hawk versetzt Mav einen heftigen Schlag und droht ihr. Widerwillig händigt sie ihm die Linsen aus und Hawk verschwindet in der Nacht.
	Bader bricht zusammen und stirbt.
	Mav, Ben und Hawk treffen den Angreifer mit Farbpatronen und fliehen in den Wald. In der Dunkelheit sind sie vollkommen schutzlos.
	Bevor Ben und Mav fliehen können, holt der Kommissar sie ein und schießt Mav in den Oberarm. Kommissarin Khelifa erscheint und es kommt zum Schusswechsel zwischen ihr und Bader, bei dem beide getroffen werden.
	Ben taucht auf und versetzt Bader einen Schlag.

Die Abrechnung

Kurz vor dem tödlichen Schuss spricht Bader offen über die Motive und die Verstrickungen aller Beteiligten.

1. Auf den Seiten 191 bis 194 werden fünf Konfliktsituationen deutlich, die sich aus den Besitzansprüchen auf die Kontaktlinsen ergeben haben.

a) Verbinde die Konfliktparteien im Schaubild mit Pfeilen. Der Pfeil soll dabei jeweils von der Person ausgehen, die den Konflikt herbeiführt bzw. Gewalt ausübt.
b) Was sind die Gründe für die Konflikte? Diskutiert mithilfe des Schaubildes und der Informationen im Roman.

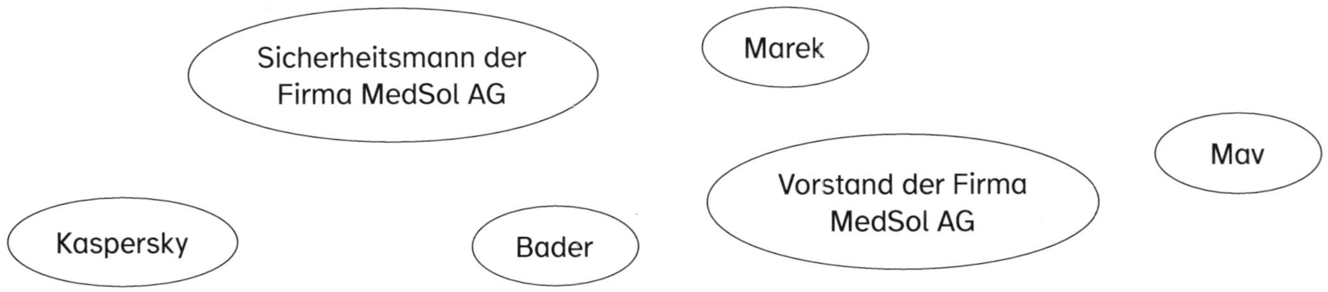

Sicherheitsmann der Firma MedSol AG

Marek

Mav

Vorstand der Firma MedSol AG

Kaspersky

Bader

2. Hat Bader wirklich die Wahrheit gesagt, als er von Mareks Mord erzählt hat? Lies auf Seite 204 nach und begründe deine Antwort.

____

____

____

3. Am Ende des Romans findet Mav versöhnliche Worte für Hawk (S. 202). Was denkt sie über ihn? Verfasse eine kurze Nachricht, die Mav ihm z.B. über eine öffentliche Plattform zukommen lassen könnte.

Hallo Hawk,

____

____

____

____

Alles Gute
Mav

Kapitelübergreifende Arbeit

Die folgenden Kopiervorlagen und Unterrichtsvorschläge beziehen sich auf die ganze Lektüre. Die Arbeitsblätter regen Ihre Schüler dazu an, Zusammenhänge herzustellen und das Leitmotiv im Gesamtkontext zu erkennen und zu interpretieren.

Unterrichtsschwerpunkte

- sich mit dem Begriff „Vertrauen" auseinandersetzen
- Verhaltensweisen reflektieren und interpretieren
- Beziehungen analysieren
- Identitätssuche und Zugehörigkeit nachvollziehen

Zu den Kopiervorlagen

Vertrauen ist gut, Misstrauen ist besser?
Die Kopiervorlage thematisiert Mavs Misstrauen, das sich als roter Faden durch den gesamten Roman zieht und dem Buch seinen Titel verleiht. Um diesen Aspekt nachzuvollziehen, bietet sich zum Einstieg der Schreibanlass „Vertrauen oder Misstrauen – das ist hier die Frage" (siehe S. 46) an.

Leiten Sie danach zur Kopiervorlage über. Die Klasse arbeitet in den Aufgaben 1 a) und b) heraus, welche Ängste sich hinter Mavs Misstrauen verbergen und weshalb sie möglicherweise derartige Probleme damit hat, auf andere Menschen zu bauen. In den folgenden beiden Teilaufgaben untersuchen die Jugendlichen, wie die Protagonistin mit ihren Ängsten umgehen kann. Die Fragen können gemeinsam im Klassenverband besprochen oder als Hausaufgabe schriftlich beantwortet werden.

In der zweiten Aufgabe verknüpfen die Schüler Mavs Reflexionen mit philosophischen Zitaten, um ihre Erkenntnisse zu vertiefen.

Diskutieren Sie im Anschluss den Buchtitel und dessen Spiel mit der Wortverbindung „blindes Vertrauen". Sprechen Sie dabei auch die Anspielung auf die Kontaktlinsen an, auf deren Technik und Sicherheit die Menschen in Mavs Welt „blind" vertrauen.

Lösung

Aufgabe 1:

a) Mav hat Angst davor, sich auf andere zu verlassen und dann enttäuscht zu werden oder die Kontrolle über die Situation zu verlieren.
b) Ben glaubt, dass Mavs Angst damit zusammenhängt, dass ihre Eltern weggegangen sind. Nun muss sie alle Entscheidungen selbst treffen und allein die Verantwortung für ihr Leben tragen.
c) z. B. Sich auf andere zu verlassen, ist eine Stärke. Menschen können dich positiv überraschen, wenn du ihnen die Chance dazu gibst.
d) Wenn du von anderen Vertrauen einforderst, musst du zuerst selbst Vertrauen in andere haben.

Aufgabe 2:

„Ich dachte an [...] [Ben, der] mir von Anfang an vertraut hatte. Ich war nur zu eigensinnig gewesen, dieses Gefühl zu erwidern." Mav (S. 196). – „Vertrauen ist ein Gefährte der Freundschaft." Ignaz Felner

„Ich hätte auf andere vertrauen sollen, anstatt jedem blind zu misstrauen." Mav (S. 201). – „Die größte Ehre, die man einem Menschen antun kann, ist die, dass man zu ihm Vertrauen hat." Matthias Claudius

Abschied und Neuanfang
Zu Beginn äußern sich die Jugendlichen zum Bildimpuls „Die Suche nach dem Weg" aus der Rubrik „Kreativ aktiv" (siehe S. 46). Mit den gesammelten Eindrücken widmen sie sich dem Arbeitsblatt, das die Themen „Lebensgestaltung" und „Identitätssuche" behandelt. Als Erstes vergegenwärtigen sich die Schüler das Lebensziel der Eltern aus der Perspektive ihrer Tochter. Im Mittelpunkt der nächsten Aufgabe stehen dann Mavs Wünsche und Sorgen, die sie nach der Auswanderung ihrer Eltern beschäftigen. Die Diskrepanz der beiden Positionen von Mutter und Tochter wird in Aufgabe 3 verdeutlicht. Abschließend reflektieren die Jugendlichen das Mutter-Tochter-Verhältnis.

Lösung

Aufgabe 1:

Ihre Eltern tun immer das, was sie möchten. Nichts und niemand kann sie aufhalten.

Aufgabe 2:

Sehnsüchte (S. 139): Mav sehnt sich nach ihren Eltern und ihrem gemeinsamen Familienleben.
Bedenken (S. 139): Mav und ihre Eltern haben unterschiedliche Lebensgestaltungen und Tagesabläufe. Sie haben sich auseinandergelebt.

Realitätsflucht (S. 152): Mav flüchtet sich in die digitale Welt (Codieren), um sich abzulenken.

Aufgabe 3:
Mav ist alt genug, um zu wissen, was ihr guttut und was nicht. Sie braucht keine Veränderung, sondern fühlt sich in Berlin zu Hause.
Sarah ist immer auf der Suche, will immer weiterziehen. Sie wird von einer inneren Leere angetrieben.

Aufgabe 4:
a) Zu Beginn des Romans hat Mav ein sehr distanziertes Verhältnis zu ihrer Mutter. In dem Moment, in dem Mav ihre Mutter wiedersieht, stellt sich die alte Vertrautheit ein. Hat Mav ihre Mutter bislang nur beim Vornamen genannt, sagt sie jetzt „Mama" zu ihr. Mav gesteht sich und ihrer Mutter ein, dass sie sie vermisst hat.
b) Das Ende des Romans ist nicht eindeutig. Es bleibt offen, ob Mavs Eltern endgültig zurückkehren oder Mav gar entscheidet, nach Kanada mitzugehen. Deutlich wird allerdings, dass Mav sich aus der digitalen Welt der „Hacker" verabschiedet (S. 204). Ihre Mutter kehrt vorerst mit Mav „nach Hause" zurück (S. 206).

Schreibanlass

Vertrauen oder Misstrauen – das ist hier die Frage
Der Schreibanlass schlägt den Bogen zur Lebenswirklichkeit der Schüler. Sie setzen sich, wie die Protagonistin, mit den Begriffen „Vertrauen" und „Misstrauen" auseinander und reflektieren, in welcher Lage sie wie und warum gehandelt haben.

Arbeitsaufträge:
1. In welcher Situation musstest du schon einmal entscheiden, ob du jemandem vertraust? Wann hast du einer Person misstraut und weshalb?
2. Schreibe eine Liste mit mindestens drei Gründen, warum es sich lohnt, einer anderen Person zu vertrauen.

Kreativ aktiv

Die Suche nach dem Weg
Präsentieren Sie den Schülern ein Bild, auf dem eine Weggabelung zu erkennen ist (lizenzfrei z.B. von Pixabay). Diese steht sinnbildlich für die verschiedenen Möglichkeiten, seinen Lebensweg zu gestalten. Die Jugendlichen äußern ihre Assoziationen und stellen eine Verbindung zur Hauptfigur und zum Ende des Romans her.

Vertrauen ist gut, Misstrauen ist besser?

Wenn wir einem Menschen vertrauen, gehen wir davon aus, dass seine Aussagen wahr und sein Handeln aufrichtig sind. Mav hat damit allerdings Schwierigkeiten.

1. Ben will Mav davon überzeugen, die Aufklärung des Mordes der Polizei zu überlassen (S. 144). Mav drückt ihre Bedenken aus. Daraufhin wirft Ben ihr fehlendes Vertrauen vor.

a) Wovor hat Mav Angst? Erkläre.
b) Was, glaubt Ben, steckt hinter Mavs Angst, anderen zu vertrauen? Diskutiere mit einem Partner.
c) Wandle Mavs Bedenken in eine positive Botschaft um.
d) Welchen versteckten Tipp äußert Ben? Fasse ihn in eigenen Worten zusammen.

Du denkst, dass du keinem vertrauen kannst. Dass es eine Schwäche ist, wenn du dich auf andere verlässt. Wenn du anderen die Entscheidung in die Hand gibst. Weil die einzigen Personen, auf die du dich jemals verlassen hast, nicht auf dich gehört haben und gegangen sind. Aber du kannst nicht von anderen etwas erwarten, das du selbst nicht bereit bist zu geben, Mav …

2. Mav reflektiert am Ende des Romans ihr Misstrauen. Verbinde je eine Aussage von Mav mit der passenden Maxime. Eine Maxime passt nicht.

„Ich dachte an […] [Ben, der] mir von Anfang an vertraut hatte. Ich war nur zu eigensinnig gewesen, dieses Gefühl zu erwidern.“
Mav (S. 196) •

„Ich hätte auf andere vertrauen sollen, anstatt jedem blind zu misstrauen.“
Mav (S. 201) •

• „Menschen, die gegen sich misstrauisch sind, wollen mehr noch geliebt sein als lieben, um einmal […] an sich glauben zu dürfen.“
Friedrich Nietzsche

• „Die größte Ehre, die man einem Menschen antun kann, ist die, dass man zu ihm Vertrauen hat.“
Matthias Claudius

• „Vertrauen ist ein Gefährte der Freundschaft.“
Ignaz Felner

Abschied und Neuanfang

Mit ihrer Großmutter lebt Mav allein in Berlin. Ihre Eltern sind ohne sie ausgewandert.

1. Mavs Eltern leben ihren Traum (vgl. S. 46). Wie sieht dieser Traum laut Mav aus?

____

____

2. Welche Sehnsüchte und Bedenken treiben Mav um, wenn sie an ihre Eltern denkt? Wie lenkt sie sich ab, um der Realität für eine Weile zu entfliehen?

Sehnsüchte (S. 139): ______________________________

____

Bedenken (S. 139): ______________________________

____

Realitätsflucht (S. 152): ______________________________

____

3. Mavs Großmutter hat die Auswanderungspläne ihrer Tochter kritisiert (S. 157 f.). Welche beiden Positionen stehen einander gegenüber? Fasse die Gedankengänge von Mavs Oma zusammen.

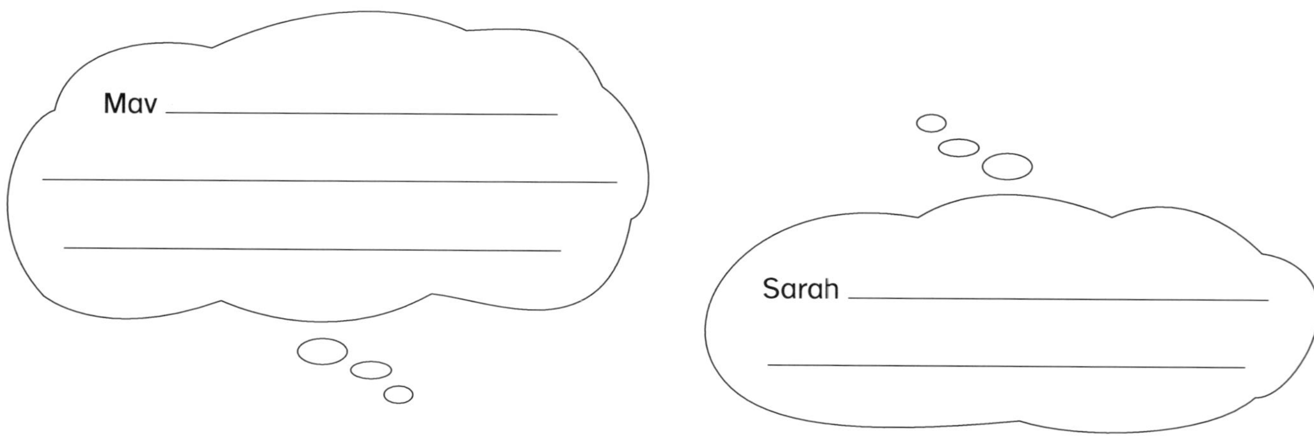

4. Der Roman endet mit den Worten von Mavs Mutter: „Komm, lass uns nach Hause gehen.“ (S. 206).

a) Erkläre, wie sich das Verhältnis zwischen Mutter und Tochter durch die Ereignisse verändert hat.
b) Wie lässt sich das Ende des Romans interpretieren? Diskutiert, inwiefern die Überschrift des Arbeitsblatts auf Mutter und Tochter zutreffen könnte.